Dicionário Incompleto da Felicidade

Equipe de realização: Preparação de texto: Thereza Pozzoli; Revisão: Marcio Honorio de Godoy; Coordenação de edição: Elen Durando e Luiz Henrique Soares; Capa e projeto gráfico: Sergio Kon; Produção: Ricardo W. Neves, Sergio Kon e Lia N. Marques.

Isaac Epstein

DICIONÁRIO INCOMPLETO DA FELICIDADE

PERSPECTIVA

CIP-Brasil. Catalogação na Publicação
Sindicato Nacional dos Editores de Livros, RJ

E54d
    Epstein, Isaac, 1926-2018
    Dicionário incompleto da felicidade / Isaac Epstein.
– 1. ed. – São Paulo : Perspectiva, 2018.
    256 p. ; 25 cm.

    Inclui bibliografia
    ISBN 978-85-273-1134-2

    1. Felicidade - Filosofia. 2. Filosofia e ciência. 3. Bem-
estar. 4. Qualidade de vida. 5. Valores. I. Título.

18-52167
                     CDD: 170
                     CDU: 17.023

Vanessa Mafra Xavier Salgado – Bibliotecária – CRB-7/6644
29/08/2018 03/09/2018

1a edição

Direitos reservados à

EDITORA PERSPECTIVA LTDA.

Av. Brigadeiro Luís Antônio, 3025
01401 – 000 São Paulo SP Brasil
Telefax: (0xx11) 3885-8388
www.editoraperspectiva.com.br

2018

Introdução:
Da Filosofia à Ciência da Felicidade

Discursos sobre a felicidade são recorrentes tanto na história da filosofia como na literatura em geral, e em particular na poesia. Baseados em intuição, conhecimento, sabedoria e/ou sensibilidade, filósofos, escritores e poetas procuraram descrever, interpretar, analisar e exprimir, em metáforas ou poemas, a sensação da felicidade. Na outra extremidade, a sensação desesperadora da extrema infelicidade[1].

Desde os gregos pré-socráticos até a atualidade, poucos filósofos e poetas deixaram de abordar o tema; otimistas alguns, considerando a felicidade possível, pessimistas outros, negando essa possibilidade. A linhagem do pessimismo é longa. As grandes tragédias gregas de Ésquilo, Sófocles e Eurípides, escritas no século V a.C., não tinham final feliz: suas personagens lidavam com conflitos insolúveis, envolviam-se em circunstâncias dificílimas e sujeitas a poderes superiores às suas próprias forças. No universo

---

[1] Em *O Demônio do Meio-Dia*, Andrew Solomon descreve o limite do sofrimento psíquico causado por uma grave depressão. Escrever sobre a depressão, diz o autor, é doloroso, triste, solitário e estressante.

trágico, "nenhum homem é feliz", diz o Mensageiro, na Medeia de Eurípedes. Para Sófocles, o "melhor para o homem é não ter nascido e, se nasceu, morrer o mais cedo possível". Essa linhagem do pensamento pessimista, que às vezes chega a negar a própria possibilidade da existência da felicidade, continua durante séculos e culmina com, entre outros, Hobbes, Schopenhauer e Freud.

A felicidade foi sempre o supremo objetivo do ser humano. Mas como obtê-la? Maximizando os prazeres individuais e minimizando a dor? E se a felicidade de um ser humano for a causa da infelicidade de outro? A questão ética sempre foi um empecilho para se considerar a felicidade como um problema exclusivamente individual. Essa, todavia, parece ser a posição de Jefferson, quando introduz, na Declaração da Independência dos Estados Unidos, de 1776, o seguinte parágrafo, em que fica consagrado o direito individual à busca da felicidade: "Nós afirmamos que as seguintes verdades são autoevidentes: que todos os homens foram criados iguais; que foram dotados por seu Criador de direitos inalienáveis entre os quais estão a vida, a liberdade e a busca da felicidade."

Aristóteles considerava a felicidade como o objetivo primeiro do homem, porque não é um bem que se almeja como meio de obter outro bem, mas sim que se deseja por si próprio. Uma das características da felicidade é ser considerada desde a Antiguidade como o *summum bonum*, isto é, o bem supremo.

Ocorre, no entanto, que o significado ou o conteúdo da palavra "felicidade" pode diferir de pessoa para pessoa e por isso fica difícil lhe dar uma definição ou um conceito objetivamente válido. Se todos concordam em dar o mesmo nome ao que pensam ou sentem e, no entanto, podem pensar ou sentir coisas diferentes, então o significado comum da palavra é apenas nominal.

A fim de propor meios ou políticas sociais válidas para ajudar a todos, ou à maioria dos cidadãos, a serem mais felizes será necessário que a ciência da felicidade indique quais fatores estão mais fortemente correlacionados com o grau de felicidade encontrado em pesquisas. As pesquisas têm sido realizadas em grande escala, por meio dos autorrelatos de milhares de indivíduos que constituem amostras significativas de todo um país. Isso tem sido feito por várias organizações e agências nacionais e internacionais, como a Organização Para a Cooperação e Desenvolvimento Econômico (referida pela sigla OCDE) e outras.

Uma disputa secular gira em torno de se saber se a felicidade individual pode prover uma norma moral para a ação humana, posição da qual Aristóteles é considerado um defensor. A posição contrária é defendida por Kant, quando afirma que "o princípio da moral privada está em direta oposição ao princípio da moralidade".

Alguns filósofos mais otimistas julgaram ser possível atingir a felicidade com uma vida que busque o prazer e evite a dor, como na tradição de Aristipo, do século v a.C., ou de Epicuro, cerca de dois séculos mais tarde. Os filósofos utilitaristas ingleses do século xix, Jeremy Bentham e John Stuart Mill, dão sequência a essa doutrina com o princípio de "a maior felicidade para o maior número de pessoas". São os adeptos de hedonia, na qual o único bem é o prazer, e o mal supremo é a dor. Outros consideram que apenas a hedonia, a busca de prazeres, não é suficiente para conquistar a felicidade. Para Aristóteles, seria necessária também a eudaimonia, isto é, a busca da realização das próprias potencialidades e ainda estar a serviço de algo superior à própria pessoa. Em suma, ser protegido por um bom *daimon*, espécie de anjo da guarda da mitologia grega.

A partir da década de 1960, os discursos sobre a felicidade ganharam argumentos predominantemente científicos, baseados na evidência empírica. Na atualidade, existem milhares de livros e artigos científicos sobre a felicidade que procuram descrever, avaliar ou divulgar as pesquisas empíricas sobre o tema[2]. Nas últimas cinco ou seis décadas, a temática da felicidade adquiriu relevância a ponto de a Assembleia Geral das Nações Unidas passar, em 19 de julho de 2011, uma resolução "convidando os países-membros a medir a felicidade de suas populações e usar isso para orientar suas políticas públicas".

Duas questões então são oportunas: que razões impulsionaram a busca pela ciência da felicidade? O que pode diferenciar a filosofia da felicidade da ciência da felicidade, ou melhor, o que diferencia o discurso filosófico sobre a felicidade do discurso científico sobre o tema?

---

2   O verbete "Happiness" da *Stanford Encyclopedia of Philosophy* estende-se por cerca de trinta páginas e contém 206 citações de livros e artigos, das quais 119 são de obras e trabalhos publicados entre 2000 e 2011.

Felicidade e PIB

A primeira questão envolve uma análise complexa que não poderá ser feita aqui. Mencionaremos apenas uma motivação que encobre uma demanda política. É sabido que o progresso de um país tem sido tradicionalmente aferido pelo PIB (Produto Interno Bruto) *per capita*, isto é, a soma do valor de bens e serviços produzidos pelo país em um ano dividida pelo número de seus habitantes. Por essa medida, os países têm sido classificados em desenvolvidos, emergentes, não desenvolvidos etc.

Nos países democráticos, o PIB é geralmente correlacionado a alguns indicadores básicos de saúde, como o índice de mortalidade infantil, a expectativa média de vida, o progresso científico e tecnológico; a segurança, saúde, educação etc., indicadores que sinalizam o bem-estar da população. Em países ainda não desenvolvidos, o ganho material representado pelo aumento do PIB *per capita* e uma diminuição do índice de desigualdade econômica geralmente significam uma melhoria das condições de vida e do bem-estar das pessoas mais pobres, porque assinalam um melhor acesso a saúde, educação, oportunidades de emprego, melhores condições sanitárias etc.

No entanto, acima de certo nível (cerca de 15 mil dólares *per capita* nos países ricos), um aumento do PIB pode não estar correlacionado a um aumento do bem-estar geral da população. Uma demonstração disso ocorreu com a descoberta, pelo economista Richard A. Easterlin, de que, malgrado o PIB dos Estados Unidos ter aumentado 300% no período de várias décadas após 1960, a felicidade e/ou o bem-estar médio da população permaneceram constantes. Esse fenômeno ficou conhecido com o nome de Paradoxo de Easterlin, e é polêmico: há estudos que o contestam e outros que o ratificam.

Em suma, não obstante as pessoas mais ricas serem, em geral, mais felizes do que as mais pobres, a sociedade não fica necessariamente mais feliz quando fica mais rica. Três razões, entre outras, podem explicar a ocorrência desse fato. A primeira é que um aumento geral de renda para todas as pessoas conserva cada uma na mesma posição relativa na "hierarquia das rendas e salários" e isso não aumenta a felicidade individual, uma vez que esta depende em boa parte da felicidade alheia. A segunda é que as pessoas se acostumam a ganhar mais e a terceira é que a nossa sociedade consumista, com as "novidades" do mercado e a obsolescência planejada dos objetos de consumo, logo absorve o aumento da renda. O resultado é que o aumento do PIB em si, acima de certo patamar, não contribui para um aumento da felicidade.

Um aumento do bem-estar da população de um país reflete a satisfação de sua população e naturalmente incide num apoio maior aos governantes e seus respectivos partidos. Os partidos, geralmente preocupados em aumentar o PIB, verificam que acima de certo patamar o aumento não vai significar necessariamente um aumento do bem-estar geral da população. O que então pode aumentar a felicidade das pessoas sem ser sua renda material?

A busca de uma resposta a essa pergunta necessita transformar a felicidade de um problema individual a uma questão coletiva. O discurso filosófico abstrato e o discurso poético metafórico agora precisam do contraponto de um discurso científico. Como se constitui a ciência da felicidade?

Se a busca da felicidade se torna objetivo de um programa político haverá uma procura de políticas públicas para aumentar o bem-estar da população. Se o bem-estar ou a felicidade pessoal são percepções subjetivas, será necessário achar o denominador comum das percepções para se poder imaginar políticas públicas a elas destinadas. Para isso, é preciso transformar as percepções individuais da felicidade em percepção geral.

Ora, tanto a ciência como a filosofia são saberes racionais, seu apelo primordial é à razão. O modelo paradigmático da ciência é o modelo das ciências naturais, que demandam a confirmação ou a refutação pela experiência das hipóteses ou teorias propostas. Esse procedimento torna a produção da ciência um processo no qual o progresso se caracteriza pelo trabalho coletivo dos cientistas, propondo, confirmando ou refutando as hipóteses e as teorias propostas. Para tal é indispensável a utilização de uma linguagem em que as palavras e expressões correspondam a significados e conceitos univocamente determinados.

Afinal, é fundamental que os cientistas de determinada especialidade tratem dos mesmos objetos para poderem confirmar ou refutar reciprocamente suas hipóteses ou teorias. Assim, têm progredido a física, a química, a biologia e suas múltiplas divisões e subdivisões, bem como, até certo ponto, as ciências sociais. Às vezes a favor, mas outras vezes contra o senso comum, esse procedimento, sempre datado historicamente, conduz a resultados confiáveis provisoriamente e sempre em permanentes transformações, contínuas e às vezes descontínuas (as chamadas Revoluções Científicas).

Na revolução científica do século XVII, com Galileu e Newton, a ciência da física se emancipou da filosofia aristotélica ao desenvolver conceitos intersubjetivamente válidos e quantificáveis de velocidade, aceleração, massa, força etc. Um século mais tarde se deu o aparecimento da ciência da química, com o estabelecimento de uma nomenclatura nova e universal para os elementos químicos, criada por Lavoisier.

Com a necessidade de uma linguagem semântica e sintaticamente unificada, a pesquisa científica sobre a felicidade tropeça em seu primeiro obstáculo. Se a felicidade representa um conceito inteiramente subjetivo, incapaz de significado único e universal, como pesquisá-la cientificamente? A felicidade pode significar coisas diferentes para diferentes pessoas: possuir muitos bens materiais, ter boa saúde, família unida, boa aparência, sucesso e gostar de sua profissão, fazer muitas viagens, ter um significado para sua vida etc. Podemos almejar tudo isso para sermos felizes, certamente priorizando, cada indivíduo, algumas dessas coisas sobre outras, isto é, construindo cada qual sua própria "cesta básica" da felicidade.

As enquetes nacionais sobre felicidade, bem-estar subjetivo, satisfação com a vida ou afetos positivos e negativos (verbetes deste dicionário) são feitas com base em autorrelatos[3] como: "Você é feliz?"; "Você está satisfeito com a vida?"; "Qual o seu bem-estar subjetivo?" – em que o "ser feliz", "estar satisfeito com a vida" ou "fruir um bem-estar subjetivo" podem ter significados diferentes para diferentes pessoas. O que significará então saber que, em determinada população, 15% das pessoas relatam ser muito felizes, 65% apenas regularmente felizes e 20% infelizes, se não podemos saber exatamente o que é essa "felicidade"? Cada pessoa compõe a cesta de coisas desejáveis em proporção determinada individualmente e, com isso, o mesmo grau – digamos 7, numa escala de 1 a 10 – autorrelatado por

---

3   Algumas informações podem dar certa validade objetiva para os autorrelatos, como o testemunho de familiares e amigos, ou alguns sinais corporais ou faciais. O bem-estar subjetivo também tem sido correlacionado com a atividade cerebral frontal, esquerda e direita. É possível que no futuro haja um aperfeiçoamento desses meios para se aferir a felicidade.

duas pessoas nada nos diz sobre a composição das cestas individuais de coisas desejáveis feita por elas. Permanecemos sempre no âmbito da definição nominalista da felicidade.

A ciência também demanda comparações: indivíduos, grupos etários, grupos de maior ou menor renda, de melhor ou pior saúde, casados e solteiros, de diferentes nacionalidades ou países, serão uns mais felizes que outros? Isso requer uma métrica, isto é, quantificar a felicidade. Como tudo isso tem sido feito no estudo científico da felicidade? A solução para o problema está sendo contorná-lo.

Retomando o resultado da pesquisa hipotética mencionada acima, o resultado – 15% das pessoas relatando ser muito felizes, 65% apenas regularmente felizes e 20% infelizes – não nos permite saber o que é a felicidade, mas poderemos verificar, dentre os 15% mais felizes, qual a proporção dos que possuem muitos bens materiais, têm uma boa saúde, família unida, boa aparência, sucesso, gostam da profissão, fazem muitas viagens etc. Desse modo, mesmo sem a definição da felicidade poderemos saber quais dos atributos têm maior preponderância nos 15% mais felizes etc. Assim, o trabalho do estatístico responderá, com certa probabilidade de acerto, o que é mais ou menos importante para a obtenção da felicidade. Todavia, o nexo causal das correlações positivas só poderá ser estabelecido por pesquisas posteriores. Assim, se a felicidade for correlacionada positivamente com o sucesso profissional, restará saber se é a felicidade que causa o sucesso, se ocorre o inverso ou se ambas as coisas se retroalimentam. Isso poderá ser avaliado por estudos longitudinais. O obstáculo semântico que não pôde ser superado é contornado. Uma filosofia, ou um saber filosófico, se transforma em ciência, ou saber científico, quando seus conceitos básicos adquirem significados unívocos intersubjetivamente válidos. No caso da felicidade, seu significado intersubjetivo é inferido indiretamente a partir de medidas, ou medições, cujos resultados têm oferecido várias indicações para políticas públicas[4].

---

4   Cf. E. Diener; M.E.P. Seligman, Beyond Money, *American Psychological Society*, v. 5, n. 1.

A Medida da Felicidade

A construção de uma ciência da felicidade se inicia pelo projeto de um sistema capaz de captar, registrar, medir e comparar o quanto os indivíduos são mais ou menos felizes. Um dos modos de fazer isso é através de enquetes realizadas em amostras estatisticamente representativas de determinadas populações. Isso já tem sido feito por meio de autorrelatos individuais coletados em numerosos países por uma série de agências governamentais ou privadas[5]. Uma dessas agências é a já mencionada Organização Para a Cooperação e Desenvolvimento Econômico (OCDE), fundada em 1961, que congrega 34 países. Sua enquete procura medir o conceito de bem-estar subjetivo (termo que substitui e é mais amplo que felicidade), *definido como bons estados mentais, inclusive toda a variedade de avaliações, positivas e negativas, que as pessoas fazem de suas vidas e as reações afetivas às suas experiências.* Essa definição de bem-estar subjetivo engloba três dimensões:

- avaliação da satisfação com a vida, uma dimensão cognitiva que implica numa reflexão da pessoa sobre sua própria vida;
- afetos, que abrange sentimentos e emoções das pessoas, aferidas em certo período;
- eudaimonia, o sentido, o significado ou objetivo na vida.

Essas três dimensões são consubstanciadas em três questões que devem ser respondidas pelas pessoas que compõem uma amostra significativa de uma determinada população.

Os problemas contextuais e metodológicos para a construção de um instrumento adequado para capturar a sensação de bem-estar subjetivo estão registrados num texto de 250 páginas[6]. O núcleo desse instrumento preparado pela equipe da OCDE contém três perguntas e tem sido utilizado em muitos países durante várias décadas.

1. Em geral, quanto você está satisfeito com sua vida atualmente? (Escala de 1 a 10)

---

5 Os dois maiores bancos de dados com medidas comparáveis de bem-estar são o Gallup World Poll e o World Values Survey. Outras organizações atuantes são The European Social Survey, o Eurobarometer, o German Socio-Economical Panel e o British Household Panel Study.
6 OECD, *Guidelines on Measurement Subjeticve Well Being.*

2. De maneira geral, em que medida você acha que as coisas que faz valem a pena? (Escala de 1 a 10)
3. Como você se sentiu ontem?
4. Quanto está feliz? (Escala de 1 a 10)
5. Quanto está preocupado? (Escala de 1 a 10)
6. Quanto está deprimido? (Escala de 1 a 10)

Entre nós foi criado o Índice Itaú de Bem-Estar Social, composto de três subindicadores: condições econômicas, condições humanas e desigualdade social. A Fundação Getúlio Vargas também pesquisa um indicador nacional de felicidade.

Ora, para a inserção internacional do Brasil no contexto da Ciência da Felicidade, a construção de nossos indicadores deve obedecer a procedimentos metodológicos de pesquisa e captura de dados comparáveis aos utilizados internacionalmente. As pesquisas de vários países podem oferecer variantes dessa metodologia, mas sempre com dados comparáveis entre si. Na área da pesquisa acadêmica têm sido realizados, entre nós, vários estudos sobre o bem-estar subjetivo, sobretudo na área de saúde.

A elaboração de uma nova ciência implica, geralmente, na introdução de novos constructos (conceitos). Alguns são denominados por palavras ou termos que já existem na linguagem natural, a que usamos para nos comunicarmos cotidianamente, mas que serão empregados com um significado específico e unívoco na nova ciência. Outros dos novos constructos são denominados com palavras novas. Como já mencionado, constatou-se algo semelhante no nascimento das ciências naturais, na física do século XVII, com Galileu, Newton e outros, na química com Lavoisier, no século XVIII, nas ciências humanas, economia, sociologia e psicologia nos séculos XIX e XX. Tal procedimento continua com o progresso contínuo dessas ciências e seus desdobramentos.

Este livro apresenta uma amostra dos conceitos utilizados pela nova ciência da felicidade, em uma lista de verbetes que ainda está em construção. Tal como as palavras nos dicionários comuns, os verbetes são expostos não na ordem de seu desenvolvimento lógico, de sua importância ou frequência nos discursos da ciência da felicidade, mas simplesmente em ordem alfabética. E este livro, ainda como os dicionários comuns, pode ser lido ou consultado de duas formas:

sequencialmente do começo ao fim ou em consultas sobre um ou mais verbetes, motivadas por um interesse ou curiosidade específicos.

Os verbetes, quando oportuno, referem-se a outros verbetes mútua e reciprocamente, como as palavras do dicionário, que conversam entre si. Quando isso ocorre, aparecem impressos em destaque gráfico, que significa "veja o verbete" – e isso gera uma terceira modalidade de leitura, que consiste em se iniciar a leitura do livro em qualquer verbete escolhido aleatoriamente e, ao se deparar com uma referência a outro verbete (indicada pelo destaque), prosseguir a leitura no segundo verbete, e assim sucessivamente.

Isso pode gerar tantas alternativas de leitura quanto o número total de verbetes e suas possibilidades de combinação. Acreditamos que, após tais exercícios, o leitor poderá prosseguir seus estudos sobre a ciência da felicidade e até, eventualmente, descobrir ou sugerir novos constructos. Para tal, sugerimos a leitura dos textos, artigos e livros indicados em nota de rodapé em cada verbete, com as informações completas no final do livro.

Quantificação

A quantificação dos bens de consumo é um procedimento inerente às modernas sociedades de consumo, uma vez que os procedimentos de troca de bens são mediados pela moeda. Assim, por exemplo, todo o processo de produção e comercialização de laranjas – desde seu plantio, sua colheita, seleção, distribuição primeiro no atacado no Ceasa, depois nos supermercados e feiras livres – é realizado com operações baseadas em medidas do seu peso, tanto na colheita como no transporte e venda no atacado e no varejo. As laranjas, é claro, não são idênticas: diferem por seu grau de amadurecimento (verdes, maduras, passadas), por seu sabor, tamanho, consistência etc. Feita a primeira distinção por variedade de laranja (lima, pera, baía etc.), aquelas da mesma variedade serão consideradas iguais entre si. Apenas no final da linha da produção ao consumo, a dona de casa distinguirá entre as laranjas, pelo toque, pela cor ou consistência, segundo sua preferência individual, aquelas que comprará.

As leis ou hipóteses científicas propostas por pesquisadores científicos e confirmadas ou refutadas por seus colegas devem ser, por essa razão e como já vimos, expressas em conceitos unívocos, o que redunda desde logo em um reducionismo em relação à variedade dos atributos dos fenômenos naturais e das ciências humanas. Mais ainda, as leis e hipóteses devem ser expressas quantitativamente para que os resultados das confirmações e refutações possam ser comparados entre si. A equação de custo e benefício no jogo entre o resultado da "pobreza" da percepção científica e a "riqueza" da percepção fenomenológica só poderá ser resolvida através do interesse pragmático da operação científica[7].

Essa problemática torna-se mais complicada nas ciências humanas devido à complexidade maior dos fenômenos e da influência antrópica, às vezes interessada, mas imprevisível, sobre os próprios fenômenos descritos[8].

A medição seja da felicidade ou do bem-estar subjetivo apresenta ainda uma dificuldade a mais. Se a quantificação aumenta a objetividade e diminui a subjetividade na percepção dos fenômenos, como medir a felicidade, algo cuja percepção é subjetiva e aferida por autorrelatos? A dificuldade não pode ser superada e é contornada da maneira como vimos acima. De qualquer forma, achamos oportuna a adição, em vários dos verbetes aqui apresentados, de questionários aceitos internacionalmente para aferir as variáveis correlatas de modo quantitativo.

---

[7] Um exemplo deve ilustrar esse fato. Imaginemos que, ao transitar por uma estrada qualquer, temos a surpresa de ver um elefante escorregando pelo talude gramado na lateral da estrada. Em contraponto à riqueza dessa percepção, o que nos diz a física? Se pudermos conhecer o peso do elefante, a superfície de contato entre a pele dele e o gramado, o coeficiente de atrito entre a grama e a pele do elefante, poderemos calcular a velocidade de deslizamento do elefante. É muito? É pouco? É irrelevante para o jornalista que deve noticiar o fato. É tudo para o engenheiro que deve calcular um anteparo ao final do talude para evitar que eventualmente um segundo elefante caia sobre a estrada. O que significa conhecer a medida quantitativa da felicidade? Pouco para o poeta ou para o literato; indispensável para o agente social que deve desenhar e oferecer programas e atividades para promover o aumento da felicidade da população conforme sua faixa etária.

[8] Cf. E. Nagel, *La Estructura de la Ciencia.*

Lista de Verbetes

21 Adaptação Hedônica
27 Afetos Positivos e Afetos Negativos
33 Amor
39 Atenção Plena ("Mindfulness")
45 Autodeterminação, *ver Motivações Extrínsecas e Intrínsecas*
47 Bem-Estar Subjetivo
53 Budismo
59 Butão, *ver Felicidade Interna Bruta*
61 Capital Psicológico
67 Capital Social
73 Confiabilidade e Validade
79 Educação Positiva
85 Esteira Rolante Hedônica
91 Eudaimonia, *ver Hedonia e Eudaimonia*
93 Felicidade: Conceitos, Definições e Avaliações
101 Felicidade: Equivalências e Levantamentos
107 Felicidade Interna Bruta
113 Felicidade nos Diversos Países
125 Florescimento
135 Fluxo

141	GNH
143	Hedonia e Eudaimonia
149	Humor
155	Idade
161	Matemática da Felicidade
167	Medida da Felicidade
173	Motivações Extrínsecas e Intrínsecas
179	Paradoxo de Easterlin
185	Paradoxos da Felicidade
189	Pesquisa de Campo
199	Políticas Públicas
205	Psicologia Positiva
211	Qualidade de Vida
217	Satisfação Com a Vida, *ver Felicidade: Conceitos, Definições e Avaliações*
219	Sociedade de Consumo
225	Teorias do "Set Point"
229	Trabalho em Organizações
235	Validade, *ver Confiabilidade e Validade*
237	Valores Culturais e Geográficos

Adaptação Hedônica

*Quando um homem resiste ao vício, nunca conseguiremos
dizer com certeza se a virtude era forte ou se o vício era fraco.*

GOETHE

A adaptação de um organismo ou de uma espécie em geral corresponde a qualquer ação ou processo que reduz os efeitos de um estímulo constante e repetitivo. Ela é constituída por procedimentos que atenuam o impacto de circunstâncias benéficas ou prejudiciais ao organismo. Ao entrarmos numa piscina com água a 24°C quando a temperatura externa for de 32°C, teremos um impacto agradável de frescor, que será atenuado depois de alguns minutos. Quem chega a La Paz, a quase 4.000m de altitude, pode sofrer o "mal de altitude", causado pela rarefação do ar e consequente diminuição de oxigênio na atmosfera, mas se adaptará em poucos dias. Já se essa pessoa subir mais 2.000m sem um tubo de oxigênio, provavelmente sua capacidade de adaptação será excedida, com efeitos graves para a saúde. Assim, a adaptação fisiológica à altitude tem uma amplitude limitada ao termo da qual o organismo pode sofrer consequências irreversíveis.

A adaptação hedônica refere-se a situações prazerosas ou, pelo contrário, penosas. Ocorre quando um evento que tenha sido agradável ou desagradável passa a ser parte da vida diária e tem seu efeito reduzido. Esse processo pode explicar, pelo menos em parte, a ESTEIRA ROLANTE HEDÔNICA.

Na adaptação hedônica afetiva, as respostas enfraquecem após uma ou mais exposições a eventos de forte repercussão emocional. Os ganhadores de loteria, com o evento, têm um sensível aumento em seu BEM-ESTAR SUBJETIVO (BES), mas que, não obstante a posse continuada do dinheiro, retorna ao nível anterior após algum tempo. Em sentido oposto, as vítimas de acidente que ficam paraplégicas têm uma queda em seu BES, mas podem retornar a um nível próximo do anterior após certo tempo. Essa última adaptação hedônica é menor que a dos ganhadores de loteria devido ao fenômeno de aversão a perda. Ainda que a adaptação hedônica pareça ser um fenômeno universal, pode variar em direção, velocidade e intensidade, de indivíduo para indivíduo: não parece ocorrer sempre nem com a mesma intensidade. Muitos indivíduos não se adaptam a eventos relevantes em suas vidas como divórcio, desemprego, perda do cônjuge ou incapacidade[1].

A adaptação hedônica também ocorre nas organizações, por exemplo, quando funcionários que são promovidos apresentam um aumento em seu BES, mas voltam ao nível anterior após algum tempo. É um efeito similar ao hábito após o casamento, ou, como dizem os autores de pesquisa sobre o tema, a "ressaca" após a lua de mel[2].

A adaptação tanto pode acontecer em condições de melhoria de nosso BES (aumento de renda, cura de uma moléstia, amor correspondido, sucesso profissional etc.) como quando ocorre uma diminuição do nosso BES (diminuição da renda, piora da saúde, perda de companheiro etc.). Em ambas as condições, melhora ou piora, o BES tende a voltar ao nível anterior (*set point*), aos eventos que causaram a alteração. O tempo para esse retorno é variável, dependendo da pessoa e de certas condições externas. Fica então claro que a adaptação é tanto desejável, no caso da piora do BES, quanto indesejável, no caso de sua

---

1 R.E. Lucas, Adaptation and the Set-Point of Subjective Well-Being: Does Happiness Change After Major Life Events?, *Current Directions in Psychological Science*, v. 16, n. 2.
2 W.R. Boswell et al., The Relationship Between Employee Job Change Satisfaction: The Honeymoon Hangover Effect, *Journal of Applied Psychology*, v. 90, n. 5.

melhora; desejável no primeiro caso porque torna mais amena a perda e indesejável no segundo porque absorve o ganho no BES.

A evidência para o primeiro caso foi sugerida por pesquisas que mostram que o envelhecimento bem-sucedido pode ser facilitado pela adaptação do indivíduo aos eventuais achaques físicos indesejados, com o advento da velhice[3] (também chamada eufemisticamente de "melhor idade", "idade provecta" etc.).

Um exemplo do segundo caso, quando a adaptação é indesejável, está na perda, já mencionada, do aumento do BES resultante de quando pessoas apaixonadas se casam. Após certo tempo, também variável de pessoa a pessoa, o hábito e a falta da novidade podem conduzir ao tédio devido à adaptação. Para manter a chama da paixão e do desejo acesos, foram sugeridas várias estratégias configuradas pelo modelo denominado prevenção hedônica da adaptação (ver o verbete FELICIDADE E AMOR)[4].

Robert Frank ressalta a enorme capacidade humana para se adaptar a dramáticas mudanças que ocorrem em determinadas circunstâncias da vida (e isso pode acontecer, como vimos, tanto com mudanças para melhor quanto para pior)[5].

A adaptação é bem caracterizada apenas quando a resposta diminui ou permanece a mesma a despeito de um aumento constante do estímulo. A adaptação hedônica pode também causar alguns efeitos adversos[6], como:

1. A adaptação a substâncias agradáveis, como determinadas drogas, pode conduzir a uma demanda do organismo por quantidades cada vez maiores da substância, conduzindo a um vício de difícil extinção.
2. A adaptação a deploráveis condições da vida urbana:

> A adaptação nos conduz a um ajuste às condições e hábitos que finalmente destroem os valores mais característicos da vida humana. Milhões de pessoas estão tão bem ajustadas ao ambiente urbano e

---

3   P.B. Baltes; M.M. Baltes, Psychological Perspectives on Successful Aging: The Model of Selective Optimization With Compensation, em P.B. Baltes; M.M. Baltes (eds.), *Successful Aging: Perspectives from Behavioral Sciences*.

4   K. Jacobs; S. Lyubomirsky, Making It Last: Combating Hedonic Adaptation in Romantic Relations, *The Journal of Positive Psychology*, v. 8, n. 3.

5   R. Frank, Does Money Buy Happiness?, em F.A. Huppert et al. (eds.), *The Science of Well-Being*.

6   S. Frederick; G. Loewenstein, Hedonic Adaptation, em D. Kahneman et al. (eds.), *Well-Being: The Foundations of Hedonic Psychology*.

industrial que elas não se incomodam mais com os gases do esca-
pamento dos veículos que têm que respirar; com a feiura gerada
através da desordem da expansão urbana que é vista como normal, como é normal ficar preso num congestionamento de veículos; com o gasto de boa parte de uma tarde ensolarada dentro de
um automóvel numa via pública e no meio de uma multidão de
carros anônimos[7].

3. A adaptação pode contrariar valores morais. A violência diária das
   ruas e a consequente falta de segurança, frequentes em alguns países, acabam por deixar as pessoas indiferentes, pela adaptação, a tais
   circunstâncias. O mesmo ocorre com o noticiário de casos de corrupção com altos funcionários da administração pública, que, por serem
   usuais, acabam por causar mais desinteresse do que indignação.
4. A adaptação a valores e ações antidemocráticas. Experimentamos
   isso em nossa pele quando, logo após o golpe de 1964, que sucedeu a
   vigência do regime democrático, assistimos à sucessão quase diária
   da suspensão de mandatos de deputados e de outros representantes
   do povo legitimamente eleitos – atos inadmissíveis anteriormente
   que, pela frequência, se tornaram habituais, aos quais nos adaptá-
   vamos, chegando à indiferença em muitos brasileiros.

A avaliação dos efeitos positivos e negativos da adaptação hedônica, para aferirmos a possibilidade de uma intervenção adequada,
deve ser precedida por uma distinção entre a adaptação resignada
e a adaptação construtiva. A *adaptação resignada* envolve uma aceitação passiva da condição da pessoa e a diminuição de suas aspirações.
A *adaptação construtiva*, de outro lado, é uma tentativa para mitigar a
perda pela manutenção das aspirações ou mesmo da adoção de objetivos mais ambiciosos[8].

Introduzindo-se a variável de bem-estar objetivo (BEO), definido
como o bem-estar referente às condições externas de vida – renda adequada, segurança, saúde, educação, índices de poluição, saneamento
básico etc. –, um quadro pode ser formatado[9]:

---

7 R. Dubos, *Man Adapting*.
8 P. Warr et al., Unemployment and Mental Health: Some British Studies, *Journal of Social Issues*, v. 44, n. 4.
9 D. Phillips, *Quality of Life: Concept, Policy and Practice*, p. 35.

BEM-ESTAR OBJETIVO (BEO) E CONDIÇÕES DE VIDA	BEM-ESTAR SUBJETIVO (BES)	
	BOM	RUIM
BOM	Bem-estar (ricos felizes)	Dissonância (ricos infelizes)
RUIM	Adaptação (pobres felizes)	Deprivação (pobres infelizes)

Dois quadros, os ricos felizes e os pobres infelizes, são compreensíveis. O quadro de pobres felizes pode se referir a uma adaptação resignada ou a uma adaptação construtiva – a distinção é importante. Já os ricos infelizes oferecem mais dificuldade de compreensão, e a ESTEIRA ROLANTE HEDÔNICA pode oferecer uma primeira pista.

Uma pesquisa sobre os efeitos da adaptação hedônica em experiências indesejáveis (ruído, encarceramento, incapacidade física, doenças, perda etc.) e em experiências desejáveis (aumento de renda, cirurgia cosmética, estímulos sexuais e comida), conduziu a duas perguntas:

1. Por que as pessoas se adaptam melhor à prisão do que ao ruído?
2. Por que os prazeres do aumento da renda são transitórios, mas os prazeres da comida e dos estímulos eróticos permanecem, a despeito de uma exposição repetida?

Parte da resposta a tais perguntas pode estar na pressão dos mecanismos da evolução biológica, traduzida pela sobrevivência dos indivíduos e das espécies mais adaptados[10].

---

10 R. Dubos, op. cit.

Afetos Positivos e Afetos Negativos

> *A vida boa, tal como eu a concebo, é uma vida feliz. Eu não quero dizer que se você é bom, você será feliz; mas que se você é feliz, você será bom.*
>
> BERTRAND RUSSELL
>
> *Ser alegre (muito melhor do quer feliz) é gostar da vida mesmo quando a vida nos castiga.*
>
> CONTARDO CALLIGARIS

A O termo "afeto", entendido como um componente da emoção, pode se referir a uma experiência hedônica, constituída seja de prazer, um afeto positivo, ou de desprazer, de dor, um afeto negativo. Essa experiência pode ocorrer como um sentimento de sofrimento, o afeto negativo, ou como de felicidade ou bem-estar, o afeto positivo[1].

O afeto também pode ser considerado um constructo que explica os estímulos de atração em afetos positivos como alegria, prazer, contentamento; ou de aversão, em afetos negativos como dor, sofrimento etc.

---

1 N.H. Frijda, Emotions and Hedonic Experience, em D. Kahneman et al. (eds.), *Well-Being: The Foundations of Hedonic Psychology.*

Os afetos positivos são correlacionados a extroversão, felicidade e bem-estar. A afetividade positiva é em boa parte uma característica geneticamente herdada, como nos diz a teoria do *set point*. Indivíduos dotados de afetividade predominantemente positiva são geralmente amáveis, entusiastas e confiantes. Ao revés, indivíduos dotados de baixa afetividade positiva são pouco felizes e carecem de vigor. A afetividade positiva é um traço bastante estável em situações que podem variar, como o trabalho, solidão, interações sociais etc.[2]

A afetividade positiva e a negativa não formam um contínuo, são antes variáveis independentes que devem ser aferidas separadamente e compõem as dimensões básicas das emoções.

O método da amostra experimental (ESM)

Numerosos estudos têm demonstrado que variáveis demográficas como idade, gênero, estado marital, etnia, renda e *status* socioeconômico têm fraca relação com a característica afetiva das pessoas. Desses estudos decorre que os fatores demográficos são fracos previsores da afetividade positiva[3]. Dois são os métodos geralmente escolhidos para se aferir os afetos: o *Experience Sampling Method* (ESM)[4], ou método da amostra experimental, e o *Day Reconstruction Method* (DRM)[5], ou método da reconstrução do dia.

No ESM, os participantes devem escolher ao acaso e várias vezes ao dia alguns momentos para registrar seus sentimentos e as atividades em que estavam empenhados. Geralmente, são utilizados diários eletrônicos, nos quais previamente se registram os momentos escolhidos, que são sinalizados por um som, a fim de que o participante registre a emoção sentida naquele momento, sua duração e intensidade. É um método caro e intrusivo.

---

2 D. Watson, *Mood and Temperament*.
3 D. Watson; K. Naragon, Positive Affectivity: The Disposition to Experience Positive Emotional States, em S.J. Lopez; C.R. Snyder (eds.), *The Oxford HandBook of Positive Psychology*.
4 T.C. Christensen et al., A Practical Guide to Experience-Sampling Procedures, *Journal of Happiness Studies*, v. 4.
5 D. Kahneman et al. A Survey Method for Characterizing Daily Life Experience: The Day Reconstruction Method, *Science*, v. 306.

O método da reconstrução do dia (DRM)

Já no DRM, os participantes devem responder sobre os eventos registrados no dia anterior num diário. Em correspondência, a cada emoção registrada, a pessoa atribui um grau à emoção sentida. Um questionário criado por Watson e Naragon[6], utilizado para os participantes das pesquisas qualificarem e mensurarem os afetos ou emoções registradas, é descrito abaixo. Consiste em certo número de palavras que descrevem sentimentos e emoções. O participante deve ler cada item e então marcar o número correspondente à escala de intensidade de cada emoção marcada. A seguir, deve indicar em que medida sentiu a emoção no momento presente e também, se possível, os afetos predominantes na semana passada, aferidos a partir das médias diárias.

1	2	3	4	5
MUITO LEVEMENTE OU NADA	UM POUCO	MODERADAMENTE	BASTANTE	EXTREMAMENTE

1. Interessado (*Interested*)
2. Angustiado (*Distressed*)
3. Excitado (*Excited*)
4. Frustrado (*Upset*)
5. Forte (*Strong*)
6. Culpado (*Guilty*)
7. Assustado (*Scared*)
8. Hostil (*Hostile*)
9. Entusiasta (*Enthusiastic*)
10. Orgulhoso (*Proud*)
11. Irritado (*Irritable*)
12. Alerta (*Alert*)
13. Envergonhado (*Ashamed*)
14. Inspirado (*Inspired*)
15. Nervoso (*Nervous*)
16. Determinado (*Determined*)
17. Atento (*Attentive*)
18. Trêmulo (*Jittery*)
19. Ativo (*Active*)
20. Amedrontado (*Afraid*)

PARA AFERIR OS RESULTADOS

Afeto positivo:
É a soma dos resultados dos itens 1, 3, 5, 9, 10, 12, 14, 16,17 e 19. O resultado pode variar de 10 até 50. Resultados maiores representam maior afeto positivo.
EXEMPLO: Média dos resultados:
Momentâneo: 29.7 DP [desvio padrão] = 7.9 Semanal: 33.3 DP = 7.2.

Afeto negativo:
Some os resultados dos itens: 2, 4, 6, 7, 8, 11, 13, 15,18 e 20.
Resultados maiores representam maior valor de afeto negativo.
EXEMPLO: Média dos resultados:
Momentâneo = 14.8 (DP = 5.4) Semanal: 17.4 (DP = 6.2)

---

6 D. Watson et al., Development and Validation of Brief Measures of Positive and Negative Affect: The PANAS Scales, *Journal of Social Psychology*, v. 54, n. 6.

O equilíbrio afetivo é o afastamento das variações intensas dos estados emocionais. De outro lado, a apatia emocional é uma carência de afetos que se exprime por uma frieza ou indiferença em relação aos outros. Uma hiperatividade emocional pode ser caracterizada pela oscilação rápida entre euforia e depressão, medo e temeridade etc.

A predominância dos afetos positivos sobre os negativos está positivamente correlacionada ao CAPITAL PSICOLÓGICO e, portanto, ao bem-estar. Os afetos positivos estimulam as relações humanas, propiciando um clima favorável à criatividade e ao otimismo.

Funções dos afetos ou emoções

As emoções podem estar ligadas a várias funções. Crum e Salovey distinguem as emoções, ou afetos, como mensageiros, motivadores e facilitadores[7].

Os afetos e os sentimentos nos informam sobre o que gostamos, queremos e valorizamos, bem como se, em certa medida, estamos atingindo nossos objetivos. Emoções positivas como a gratidão, o orgulho, a esperança e o entusiasmo transmitem a mensagem de que a pessoa está atingindo suas metas. As emoções ou afetos negativos como o medo, a tristeza, a ansiedade, a inveja e a hostilidade nos dizem que algo está errado e que nossos objetivos foram frustrados. Um segundo componente da mensagem dos afetos se refere à importância e urgência da situação.

Além de nos informar sobre a natureza e a urgência da situação, os afetos motivam a geração da energia necessária de acordo com a demanda das circunstâncias. Geralmente, afetos negativos como a sensação de fracasso, medo etc. motivam um comportamento mais retrátil, analítico e prudente para a solução de um problema, enquanto os afetos positivos são associados a pensamentos e comportamentos mais flexíveis, criativos e arrojados[8].

Uma terceira função dos afetos é a de facilitar, conseguir recursos externos quando a situação assim o demanda. Os afetos positivos

---

7 A.J. Crum; P. Salovey, Emotionally Intelligent Happiness, em S.A. David et al. (eds.), *The Oxford Handbook of Happiness*.

8 A.M. Isen, Positive Affect and Decision Making, em M. Lewis; J.M. Haviland-Jones (eds.), *Handbook of Emotions*.

facilitam a aproximação com as pessoas e até a construção de redes sociais.

As pesquisas sobre a felicidade de grandes populações representadas por amostras significativas costumam elaborar questionários que abrangem três dimensões do bem-estar. Uma dimensão cognitiva, que indaga sobre qual o grau de satisfação com a vida do respondente; uma segunda dimensão indaga sobre os afetos, sua duração, natureza e intensidade; e a terceira sobre a eudaimonia.

Sabe-se que a felicidade ou o bem-estar estão em geral positivamente correlacionados ao sucesso. Todavia, esse dado, comprovado pelas pesquisas empíricas, não determina a direção causal dessa correlação: será que o sucesso precede, ou seja, é a causa da felicidade? Ou, ao revés, é a felicidade que precede o sucesso? Um trabalho[9] que cita cerca de quatrocentos estudos mostra que as pessoas felizes tendem a ser bem-sucedidas em muitos domínios: trabalho, casamento, criatividade, relações sociais etc. Mostra ainda que a conexão entre felicidade e sucesso existe não só porque o sucesso faz as pessoas felizes, mas porque os afetos positivos facilitam o sucesso. Tal fato é evidenciado por correlações positivas determinadas por pesquisas longitudinais (no decorrer do tempo) e estudos experimentais. Os resultados mostram que, em muitos casos, a felicidade precede o sucesso.

Isso ocorre, dizem os autores do trabalho mencionado acima, porque o afeto positivo inclui confiança, otimismo, sociabilidade, energia, atividade, bem-estar físico, eficácia perante as dificuldades, originalidade e flexibilidade. Emoções positivas induzem o indivíduo a procurar o envolvimento com novos objetivos. O modelo conceitual proposto para essa tese assim se apresenta:

MODELO CONCEITUAL

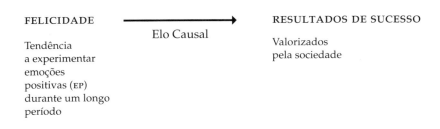

---

[9] S. Lyubomirsky et. al., The Benefits of Frequent Positive Affects: Does Happiness Leads to Sucess?, *Psychological Bulletin*, v. 131, n. 6.

TESTES EMPÍRICOS DO MODELO

[A] FELICIDADE   ⟶   RESULTADOS DE SUCESSO
(EP)   Correlações positivas

[B] FELICIDADE   ⟷   RESULTADOS DE SUCESSO
(EP)   Estudos longitudinais

Felicidade e EP precedem os resultados, ou os resultados precedem a felicidade. Pode haver uma retroalimentação recíproca

[B] EP INDUZIDAS   ⟶   GRUPOS EXPERIMENTAIS
(EP)   Estudos experimentais

Amor

Um homem visitando uma cidade pela primeira vez, já na saída, resolveu entrar em seu cemitério. Examinando os dizeres e as datas das lápides, verificou que as pessoas da cidade tinham vivido pouco tempo. Alguns dois ou três anos, outros um pouco mais, chegavam a sete ou oito anos. Pouquíssimos tinham atingido ou superado os dez anos de vida. Intrigado, o visitante, avistando um coveiro, perguntou-lhe: "Todos os habitantes desta cidade morrem crianças?" "Não", respondeu o coveiro, e adicionou: "É que aqui só contamos como anos vividos os anos em que a pessoa amou."

AUTOR DESCONHECIDO

Tal como a palavra "felicidade", a palavra "amor" tem sido frequente nos discursos filosóficos ou literários e raramente utilizada nos discursos das ciências humanas. A emergência do estudo analítico do amor ocorre no âmbito da chamada PSICOLOGIA POSITIVA[1]. O estabelecimento dos chamados "estilos de amor" já foi feito por Lee[2] e consiste numa tipologia das formas pelas quais as pessoas amam. Lee identificou seis estilos básicos de amor que chamou de "cores do amor".

---

1   Cf. C. Hendrick; S.S. Hendrick, Love, em S.J. Lopez; e C.R. Snyder (eds.), *The Oxford Handbook of Positive Psychology*.
2   Cf. J.A. Lee, *The Colors of Love: An exploration of the Ways of Loving*.

Eros. É um estilo de amor sensual, intenso e "colorido" com muita paixão. Os amantes eróticos selecionam seus parceiros amorosos por intuição e, como dizem alguns, por afinidade química. Para eles, o sexo é uma intensa experiência. Para os amantes eróticos, a separação do parceiro gera muita angústia e até desespero. É um amor idealizado no qual a fantasia e a dependência têm um papel importante. O trauma da separação e consequente superação de um primeiro amor intensamente erótico gera certa imunidade contra sua recidiva. A desvantagem do "estilo" amoroso é a possibilidade da diminuição da atração, pondo em risco sua continuidade. Talvez seja esse motivo para os grandes amores eróticos da ficção, como Romeu e Julieta, Paulo e Virgínia, Abelardo e Heloísa, ou tantos outros, terminarem no seu auge e de forma geralmente dramática. Em certos casos, o amor erótico é unilateral, para o parceiro trata-se de apenas um caso lúdico. O "caso lúdico" na literatura pode terminar também em tragédia causada pelo desespero do parceiro erótico rejeitado. Um exemplo é o romance *Ana Karênina*, do autor russo Leon Tolstói, no qual a heroína de mesmo nome do romance representa o parceiro erótico, e o conde Wronski, o parceiro lúdico. Esquema idêntico se apresenta no romance de Eça de Queiroz intitulado *Primo Basílio*, em que a personagem-título é o parceiro lúdico sedutor, e Luíza, a prima casada e seduzida, a parceira erótica.

Ludus. O amor lúdico é um jogo prazeroso. Os amantes lúdicos raras vezes se envolvem intensamente com seu parceiro. Muitas vezes têm mais de um parceiro ao mesmo tempo e em geral não revelam seus verdadeiros sentimentos e pensamentos a seus parceiros para não diminuir seu poder sobre eles. Os amantes lúdicos se recuperam depressa da separação e procuram rapidamente substituir seus ex-parceiros. Tendem a ver o casamento como uma armadilha e, de todos os demais estilos amorosos, estes amantes são muito atraídos pela infidelidade. O sexo é visto como uma conquista ou um esporte, e as relações amorosas, como desafios. Um exemplo de amores lúdicos é o tema do filme *Ligações Perigosas*, baseado no livro de mesmo nome, um romance de autoria de Choderios Laclos, cuja trama ocorre na França pré-revolucionária.

Relações familiares. É o amor filial, maternal ou paternal; amor entre irmãos e primos. Esse amor demanda certas lealdades, responsabilidades, deveres e obrigações. O casamento tradicional cria novo vínculo entre os nubentes, que é estendido aos filhos. Os grupos mafiosos organizam-se em "famílias" que demandam uma forte lealdade interna, sob o comando de um *capo*. Em alguns sistemas jurídicos, um membro da "família" não pode testemunhar a respeito de um crime externo à família cometido por outro membro da mesma família. O filme *O Poderoso Chefão*, com Marlon Brando, exibe os conflitos de uma "família mafiosa".

Pragma. Os amantes pragmáticos no fundo querem ser sócios de seus parceiros a fim de alcançar um objetivo comum. Para isso selecionam seus parceiros de acordo com determinados objetivos práticos a serem atingidos. A praticabilidade e realismo do amor pragmático adiciona longevidade à relação, enquanto os objetivos permanecem comuns. Em determinadas culturas, onde existem casamentos arranjados, esse amor é mais comum. Tais casamentos permanecem enquanto há uma divisão aceitável para ambos das tarefas comuns. Encontramos na história da ciência muitos exemplos de esposas que se tornaram assistentes de valor inestimável para seus maridos cientistas num tempo em que o acesso de mulheres à chefia das instituições ou a projetos científicos era vedado.

Maníaco. Os amantes maníacos "precisam" de seus parceiros e podem transformar seu amor em obsessão, em que o ciúme tem a possibilidade de se tornar doentio. O filme *Atração Fatal* exibe a que extremos pode chegar o amor maníaco.

Ágape. O amor agapiano é um amor magnânimo, que pode chegar ao autossacrifício. O amante agapiano quer tomar conta de seu parceiro e tem mais prazer em dar do que em receber. É sempre o primeiro a perdoar, a ser paciente e sempre está disposto a fazer sacrifícios por seu parceiro. O amor agapiano é generoso a ponto de induzir sentimentos de culpa e incompetência em seus parceiros e, quando eles se tornam aproveitadores, a situação pode se tornar penosa para o agapiano.

A medida dos estilos de amor

As pessoas podem apresentar características de um ou mais dos seis estilos de amor descritos. Para aferir individualmente os estilos foram elaboradas algumas escalas. Uma dessas escalas contém 42 itens, que compõem seis subescalas, correspondentes aos seis estilos,

DICIONÁRIO INCOMPLETO DA FELICIDADE

cada uma com sete itens. Uma versão resumida dessa escala contém dezoito itens e subdivide-se em seis subescalas com três itens cada. É a Love Attitudes Scale: Short Form[3], que reproduzimos a seguir.

Cada uma das dezoito afirmações abaixo deve ser avaliada com grau de 1 a 5, em que:

5 = Concordo totalmente;
4 = Concordo moderadamente;
3 = É indiferente para mim;
2 = Discordo moderadamente;
1 = Discordo totalmente.

1. Meu par (que pode ser cônjuge, esposa, marido, namorado/a, companheiro/a ou outro) e eu temos excelente "química" entre nós. [   ]
2. Sinto o que meu par e eu significamos um para o outro. [   ]
3. Meu par preenche o meu modelo ideal de beleza e simpatia. [   ]
4. Acho que o que meu par não sabe a meu respeito não o fará sofrer. [   ]
5. Às vezes preciso evitar que o meu par saiba de meu ou meus amantes. [   ]
6. Meu par ficaria perturbado se soubesse algumas coisas que tenho feito com outras pessoas. [   ]
7. Nosso amor é da melhor qualidade porque desabrochou de uma longa amizade. [   ]
8. Nossa amizade cresceu com o tempo e se transformou gradualmente em amor. [   ]
9. Nossa relação amorosa é muito satisfatória porque se desenvolveu a partir de uma boa amizade. [   ]
10. Uma consideração importante na escolha de meu par foi como ele(a) seria visto por minha família. [   ]
11. Um fator importante na escolha de meu par foi se seria um bom pai, uma boa mãe. [   ]
12. Na escolha de meu par considerei como ele poderia afetar minha carreira. [   ]
13. Quando meu par não presta atenção em mim eu me sinto doente. [   ]
14. Não consigo relaxar se desconfio que meu par esteja com outra pessoa. [   ]
15. Se meu par me ignora por algum tempo eu às vezes faço besteiras para recuperar sua atenção. [   ]
16. Prefiro sofrer eu mesmo a deixar meu par sofrer. [   ]
17. Só consigo ser feliz colocando a felicidade de meu par acima da minha. [   ]
18. Usualmente estou disposto(a) a sacrificar meus próprios desejos para deixar meu par satisfazer os seus. [   ]

AFERIÇÃO DOS RESULTADOS

Cada subescala é medida separadamente. Cada participante recebe um resultado diferente em cada subescala. Os itens são divididos em subescalas da forma descrita abaixo:

Eros, questões 1-3; Pragma, questões 10-12; Ludos, 4-6; Mania, questões 13-15; Relações familiares, questões 7-9; Ágape, questões 16-18.

As escalas têm fraca correlação entre si e constituem, portanto, dimensões independentes do amor.

---

3   Cf. C. Hendrick et al., The Love Attitudes Scale: Short Form, *Journal of Personal and Social Relationships*, v. 15.

Interpretação dos resultados

Ao final da aferição dos resultados, cada participante recebe sua avaliação numérica nas seis dimensões e identifica seu estilo preferido de amor e preferências secundárias.

Um campo promissor é a pesquisa das correlações entre os estilos amorosos preferenciais e seu bem-estar subjetivo (felicidade) com algumas das variáveis a ela correlacionadas. Um exemplo dessas possibilidades é um estudo realizado por pesquisadores da Universidade de Pavia, que descobriram uma evidência biológica para a variação dos estilos amorosos: o estilo Eros correlaciona-se ao sistema da dopamina, e o estilo Mania, ao sistema da dopamina[4].

---

4 Cf. E. Emanuele et al., Genetic Loading on Human Loving Styles, *Neuroendocrinology Letters*, v. 28, n. 6.

Atenção Plena ("Mindfulness")

Nosso verdadeiro lar não está no passado. Nosso verdadeiro lar não está no futuro. Nosso verdadeiro lar está no aqui e no agora. A vida está disponível apenas no aqui e no agora, e aí é o nosso verdadeiro lar.

THICH NHAT HANH

termo "atenção plena" (*mindfulness*) tem origem em uma prática milenar do budismo cujo objetivo é treinar a mente para estar atenta e plenamente consciente do que ocorre no momento presente, tanto no que se refere aos eventos externos como no que diz respeito aos próprios pensamentos e emoções. A prática busca conduzir ao estado mental de *mindfulness*, que se opõe ao que os budistas chamam de "mente do macaco", em que o pensamento divaga, pula de um assunto para outro, rumina sobre o passado, especula e se preocupa com o futuro. Os tipos de treino da atenção que os budistas desenvolveram para conter a excitação da mente foram denominados de *Samatha*, cujo significado literal é "quietude"[1].

---

1   Cf. B.A. Wallace, The Buddhist Tradition of Samatha: Methods for Refining and Examining Consciousness, *Journal of Consciousness Studies*, v. 6, n. 2-3.

É um estado de atenção serena no qual a excitação da mente é contida. O termo *mindfulness* corresponde a *sati* no idioma páli, *smrti* em sânscrito e *tren-ba* em tibetano – e seu conceito pode variar segundo o contexto; tem sido traduzido para o português como "atenção plena", "presença plena" e "consciência plena", ainda que nenhuma dessas expressões capte o sentido global.

Num sentido analítico, a atenção plena pode ser estudada em cinco dimensões[2]: intenção e contexto da prática da atenção plena; atenção desengajada; controle da atenção; emoções saudáveis; discernimento ético.

Em psicologia, a noção predominante da atenção plena provém do trabalho de Jon Kabat-Zinn, que desenvolveu o programa MBSR, de *Mindfulness-Based Stress Reduction*[3], em que a atenção plena (*mindfulness*) é descrita como "a consciência que emerge quando se presta atenção especificamente no presente momento e no não julgamento do desenrolar da experiência momento a momento"[4].

Intenção e contexto da prática de Mindfulness. O budismo é usualmente descrito em três tradições principais: teravada (sudeste da Ásia); maaiana (China, Vietnã e Japão) e vairaiana (Tibete)[5]. As três tradições têm em comum a crença de que a origem de todo sofrimento é o descontrole da mente guiada por raiva, apego e ignorância. A liberação do sofrimento deve ocorrer quando a mente se libertar do estado de *monkeymind*, a mente instável, inquieta, caprichosa, inconstante, confusa e/ou indecisa. A prática da atenção plena é uma das práticas que conduzem à liberação e iluminação.

O MBSR é um treinamento para a prática da atenção plena fora do contexto cultural, filosófico e religioso do budismo. Com essa redução,

---

2   Cf. D. Dorjee, Kinds and Dimensions of Mindfulness: Why is Important to Distinguish Them, *Mindfulness*, v. 1.

3   J. Kabat-Zinn, *Full Catastrophe of Living*. O MBSR é um programa que foi estabelecido por Kabat-Zinn; consiste em oito sessões semanais em grupo, com duração de noventa minutos cada, e pode ser intercalado um retiro de três horas, entre a sexta e a sétima semana. O treino consiste em três componentes primários: a. material teórico relativo a relaxamento, atenção plena e conexões corpo-mente; b. prática experimental da atenção plena, nas sessões semanais e diariamente em casa; c. discussão e processamento em grupo focado em solução de problemas relativo aos impedimentos nas aplicações diárias. Além disso, os participantes recebem um livreto com instruções semanais, fontes bibliográficas e gravações sobre relaxamento e exercícios guiados sobre atenção plena.

4   Cf. Idem, Mindfulness-Based Interventions in Context: Past, Present and Future, *Clinical Psychology Science and Practice*, v. 10.

5   Cf. D.W. Mitchell, *Buddhism: Introducing the Buddhist Experience*.

o treinamento ficou acessível a um número maior de pessoas e se tornou um meio para reduzir o sofrimento em determinadas situações patológicas. Nesse sentido, a prática do MBSR não compreende um caminho rumo à libertação final, conforme a doutrina budista.

Atenção despojada. A experiência de estar atento ao momento presente é o objetivo básico do MBSR. A atenção despojada requer uma mudança do foco da atenção, do nível da linguagem para as impressões sensoriais diretas, como os sons e as cores do ambiente. Essa mudança demanda uma suspensão de julgamentos, avaliações ou interpretações. A prática da atenção despojada requer um treino do praticante, pois é inacessível quando a mente está ocupada com julgamentos, projeções e divagações. Nas tradições budistas maaiana e vairaiana, a noção de atenção despojada é praticamente inexistente. Essa noção adquire importância na escola de Mahasi, derivada da tradição teravada[6].

Controle da atenção e metaconsciência. A manutenção da atenção despojada no momento presente necessita da capacidade de identificar o pensamento julgador interpretativo para poder retornar às sensações diretas. Isso demanda e implica tanto um controle da atenção como uma metaconsciência, para distinguir entre a atenção despojada e a atenção "contaminada" pela linguagem verbal interpretativa e avaliadora. Enquanto a atenção plena mantém e dirige a atividade mental, a metaconsciência monitora todo o processo meditativo e traz a mente de volta à atenção despojada quando ela se desvia pela distração ou pela monotonia. A metaconsciência seria uma espécie de controle de qualidade do processo meditativo.

Emoções saudáveis e atenção plena. O desenvolvimento correto da atenção plena através do treinamento ocorre geralmente em conjunção com alguns atributos ligados a emoções saudáveis como generosidade, desapego e outras. O treinamento no MBSR facilita o aparecimento de atitudes de abertura, curiosidade e criatividade, além de um efeito benéfico no bem-estar subjetivo e diminuição do pensamento ruminativo.

Discernimento ético. No contexto budista, o discernimento ético, incluindo o autorrespeito, o respeito pelos outros e um sentido de

---

6 Cf. N. Thera, *The Heart of Buddhist Meditation: A Handbook of Mental Training Based on the Buddha's Way of Mindfulness.*

equanimidade, é parte inseparável do processamento da atenção plena. A obtenção da estabilidade da mente facilita o reconhecimento de padrões mentais negativos e facilita sua correção. Enquanto no contexto da psicologia ocidental o desenvolvimento da atenção plena através do MBSR pode ter um efeito terapêutico positivo em relação a diversas síndromes patológicas (como depressão ou pânico), a percepção da sabedoria no contexto budista enseja respostas a questões existenciais e filosóficas mais profundas e não apenas terapêuticas.

Pesquisas recentes têm mostrado que o cultivo da atenção plena mediante treinamento facilita estados de bem-estar subjetivo. A atenção plena compreende a visão ou consciência de um fato, circunstância ou situação, mais a atenção concentrada em um detalhe ou foco – como se ao olhar uma paisagem tivéssemos ciência da totalidade e, ao mesmo tempo, a atenção em um detalhe ou foco dessa paisagem

Medida da atenção plena. Uma das escalas mais conhecidas e utilizadas para aferir a atenção plena é o MAAS, de *Mindful Attention Awaraness Scale*. Os respondentes do MAAS indicam com qual frequência experimentam cada uma das quinze frases apresentadas no questionário a seguir, em uma escala de seis pontos, sendo 1 equivalente a "quase sempre", e 6, "quase nunca"; ou seja, os valores mais altos representam maior atenção plena.

Escala de Atenção Plena (MAAS)[7]

1 = quase sempre;
2 = com muita frequência;
3 = com alguma frequência;
4 = com pouca frequência;
5 = com muito pouca frequência;
6 = quase nunca.

1. Posso estar experimentando uma emoção e só ter consciência algum tempo depois. [ ]
2. Quebro ou estrago coisas por descuido, falta de atenção ou porque estou pensando em outra coisa. [ ]
3. Acho difícil ficar focado no que está acontecendo no presente. [ ]
4. Tenho a tendência de andar rapidamente em direção ao meu destino sem prestar atenção ao que acontece no caminho. [ ]
5. Tenho a tendência de não perceber sentimentos, tensão física ou desconforto até que literalmente roubam minha atenção. [ ]

7 K.W. Brown; R.M. Ryan, The Benefits of Being Present: Mindfulness and Its Role in Psychological Well-Being, *Journal of Personality and Social Psychology*, v. 84, n. 4.

6. Esqueço o nome de uma pessoa assim que sou apresentado/a a ela. [   ]
7. Parece que estou no funcionamento automático, sem muita consciência do que estou fazendo. [   ]
8. Sou apressado em minhas atividades, sem realmente ficar atento a elas. [   ]
9. Fico tão focado no objetivo que quero atingir que perco contato com o que estou fazendo no momento para chegar lá. [   ]
10. Executo meu trabalho ou minhas tarefas automaticamente, sem ter consciência do que estou fazendo. [   ]
11. Eu me pego escutando alguém com um ouvido e fazendo outra coisa ao mesmo tempo. [   ]
12. Vou a lugares no "piloto automático" e me pergunto por que fui até lá. [   ]
13. Fico preocupado com o futuro e com o passado. [   ]
14. Faço coisas sem prestar atenção. [   ]

Correlações

Os resultados dos testes de MAAS mostraram correlação negativa com os testes de depressão, ansiedade, raiva e hostilidade. Com relação à afetividade, o MAAS teve correlação positiva com alegria e também com o indicador de autoestima.

Autodeterminação

Ver MOTIVAÇÕES EXTRÍNSECAS E INTRÍNSECAS.

Bem-Estar Subjetivo

constructo bem-estar subjetivo (BES), ou *Subjective Well-being* (SWB), é um amplo conceito que abriga, contém ou está correlacionado positivamente a vários outros constructos e conceitos, como: satisfação com a vida, satisfação por domínio (saúde, renda, trabalho etc.), bem-estar emocional, bem-estar hedônico, felicidade, qualidade de vida percebida, bem-estar psicológico, eudaimonia, felicidade autêntica, florescimento, saúde mental positiva e felicidade prudente. Essa pletora de termos pode ser reduzida a três: felicidade psicológica, felicidade prudente e felicidade perfeccionista, segundo Sirgy[1]. As felicidades, por sua vez, têm alta correlação positiva com os constructos criados por Seligman: felicidade agradável, felicidade engajada e felicidade significativa[2].

A *felicidade agradável* abrangeria os afetos positivos e os negativos, isto é, a hedonia e o bem-estar emocional; os afetos podem ser captados pelo procedimento denominado

[1] Cf. M. J. Sirgy, *The Psychology of Quality of Life.*
[2] Cf. M.E.P. Seligman, *Authentic Happiness: Using the New Positive Psychology to Realize your Potential for Lasting Fulfillment.*

método da reconstrução do dia (descrito no verbete AFETOS)[3]. A *felicidade prudente*, ou *engajada*, é um constructo de caráter mais cognitivo e inclui conceitos como satisfação com a vida, satisfação por domínio de saúde, renda, trabalho, família etc., capturados em questionários e entrevistas (autorrelatos) e aferidos através da chamada **escada de Cantril**, uma escala com dez graus[4]. A *felicidade perfeccionista*, ou *felicidade significativa*, abrange a eudaimonia, o florescimento, bem-estar psicológico e o desenvolvimento pessoal.

Várias pesquisas de caráter internacional, como as realizadas pelo Instituto Gallup, e as normas instituídas pela OCDE para medir a felicidade das populações, têm substituído o termo "felicidade" por "bem-estar subjetivo", principalmente porque o último, além da alta correlação positiva com aquele, por outro lado é menos amplo, de acesso mais fácil: quando se pergunta a uma pessoa sobre o seu bem-estar (numa escala de 1 a 10, por exemplo), a resposta é mais imediata do que quando se pergunta sobre sua felicidade.

As pesquisas sobre o bem-estar, por sua vez, compreendem perguntas em três dimensões. A primeira pergunta se refere à dimensão emocional, a dimensão da hedonia, avaliada pela aferição das emoções positivas e negativas por sua frequência e intensidade. A segunda dimensão é cognitiva e depende de alguma reflexão, sendo, portanto, de resposta menos imediata; trata-se da indagação sobre a satisfação com a vida. A terceira dimensão se refere à eudaimonia com as questões mais características dessa dimensão. Cada uma dessas três dimensões requer seus próprios instrumentos para capturar suas características e aferi-las. Um exemplo é a escala de satisfação com a vida, apresentada a seguir.

Escala de satisfação com a vida

A satisfação com a vida pode ser definida como um processo cognitivo de julgamento que depende de uma comparação entre as

---

3   Cf. D. Kahneman, Objective Happiness, em D. Kahneman et al. (eds.), *Well-Being: The Foundations of Hedonic Psychology*.

4   M.J. Sirgy, op. cit. Diante do desenho de uma escada de dez degraus, na qual o último degrau representa a melhor vida possível (na perspectiva do respondente), e o degrau zero, a pior vida possível, o respondente deve indicar sua posição.

circunstâncias da própria vida percebidas por uma pessoa e aquilo que é pensado como um modelo *standard*, ou padrão[5].

Um dos procedimentos mais utilizados para capturar a satisfação com a vida, isto é, a felicidade prudente, é a escala criada por Diener e colaboradores, que visa detectar "a satisfação com a vida no seu conjunto, onde o indivíduo que responde integra e pondera de um modo pessoal à satisfação com a saúde, com as finanças, com o trabalho etc. Essa escala em geral oferece um bom grau de validade"[6].

Questionário adaptado de Diener e colaboradores

Abaixo estão cinco afirmações acerca das quais você pode manifestar seu acordo ou desacordo. Utilizando uma escala de 1 a 7, indique sua posição sobre cada uma das afirmações, colocando o número apropriado (de 1 a 7) na linha que precede o item. Seja franco e honesto em suas respostas.

1. Forte desacordo
2. Desacordo
3. Fraco desacordo
4. Nem acordo nem desacordo
5. Acordo fraco
6. Acordo
7. Acordo forte

[ ] Quase sempre a minha vida está próxima do meu ideal.
[ ] As condições de minha vida são excelentes.
[ ] Estou satisfeito com minha vida.
[ ] Até agora tenho obtido as coisas importantes que quero da vida.
[ ] Se eu pudesse viver minha vida de novo eu não mudaria quase nada.

O menor resultado possível é cinco, e o maior, 35; zero significaria o maior desgosto possível com a vida e 35 a maior satisfação possível.

INTERPRETAÇÃO DOS RESULTADOS

30-35: Resultado muito alto – Altamente satisfatório

Neste resultado, as pessoas gostam de suas vidas e sentem que as coisas vão bem. Para a maior parte das pessoas, com este resultado a vida é desfrutável e a maior parte dos domínios, como trabalho, escola, família, amigos, lazer e desenvolvimento pessoal, são altamente satisfatórios.

25-29: Resultado alto

Neste resultado, as pessoas gostam de suas vidas e sentem que as coisas vão relativamente bem apesar de não serem perfeitas. Justamente porque estão satisfeitas,

---

5 Cf. E. Diener et al., Happiness of the Very Wealthy, *Social Indicators Research*, v. 16.
6 The Satisfaction With Life Scale, *Journal of Personality Assessment*, v. 49, n. 1.

isso não significa que são complacentes. Em verdade, o crescimento e os desafios fazem parte de sua satisfação. Para a maior parte das pessoas com este resultado, a vida é desfrutável e grande parte dos domínios da vida são satisfatórios, seja no trabalho, escola, família, amigos, lazer e desenvolvimento pessoal. A pessoa pode se motivar nas áreas carentes de satisfação.

20-24: Resultado médio

A maioria das pessoas nos países economicamente desenvolvidos manifesta uma satisfação média com a vida, mas em algumas áreas gostariam de melhora. Algumas pessoas deste segmento estão bastante satisfeitas com uma boa parte dos domínios de suas vidas, mas necessitam melhorar em alguma área. Outras estão neste segmento porque estão satisfeitas com a maior parte dos domínios de suas vidas, mas têm duas ou três áreas onde gostariam de ter uma grande melhora. A pessoa neste segmento usualmente gostaria de se mover para um nível mais alto fazendo algumas mudanças em sua vida.

15-19: Ligeiramente inferior à média

As pessoas neste segmento usualmente têm problemas pequenos, mas significativos, em várias áreas de suas vidas. Ou têm muitas áreas em que estão indo muito bem, mas também uma, em particular, que representa um problema substancial. Se a pessoa se moveu para essa área temporariamente, provindo de uma área mais alta por causa de um evento recente, as coisas provavelmente melhorarão com o tempo, voltando ao nível anterior. Se, de outro lado, a pessoa aí está cronicamente, algumas mudanças serão necessárias. Às vezes a pessoa está simplesmente esperando muito. Assim, embora a insatisfação temporária seja comum e normal, um nível crônico de insatisfação em vários domínios da vida demanda reflexão. Muitas pessoas obtêm motivação de um grau pequeno de insatisfação, mas frequentemente a insatisfação em vários dos domínios da vida é desagradável.

10-14: Insatisfação

Pessoas neste segmento estão substancialmente insatisfeitas com as suas vidas. Podem acusar certo número de domínios em que não estão indo bem, ou um ou dois em que estão indo muito mal. Se a insatisfação com a vida é uma resposta a um evento recente como luto, divórcio ou um problema significativo no trabalho, depois de certo tempo a pessoa voltará ao nível anterior, de satisfação mais alta. No entanto, se o baixo nível de satisfação com a vida tem sido constante para a pessoa, algumas mudanças serão necessárias em atitudes e padrão de pensamento, bem como em atividades. Resultados baixos de satisfação com a vida neste segmento, se persistirem no tempo, indicam que as coisas vão mal e alterações na vida se fazem necessárias. Mais ainda, uma pessoa com insatisfação na vida, neste nível, às vezes não está funcionando bem porque a infelicidade serve como distração. Conversar com um amigo, um conselheiro ou um especialista pode ajudar a pessoa a se mover na direção certa.

5-9: Insatisfação extrema

Os indivíduos neste segmento são usualmente extremamente infelizes com suas atuais vidas. Em alguns casos, isso ocorre como reação a um evento penoso recente, como viuvez ou desemprego. Em outros, é uma resposta a um problema crônico, como o alcoolismo ou o vício com drogas. Não obstante, a insatisfação neste nível ocorre em múltiplos domínios da vida. Qualquer que seja a razão para o baixo nível de satisfação, pode ser necessária a ajuda de outras pessoas: amigos, familiares ou psicólogos. Se a insatisfação for crônica, a pessoa necessita mudar em alguns aspectos, e frequentemente outras pessoas podem ajudar.

Este procedimento acessa a satisfação com a vida no seu conjunto, em que o indivíduo que responde integra e pondera de um modo pessoal a satisfação em diversos domínios como a saúde, as finanças, família, trabalho etc. Esta escala oferece uma boa validade em relação a outros procedimentos semelhantes e é estável temporalmente. É também recomendável como complemento a escalas que focam na psicopatologia ou bem-estar emocional, porque acessa a avaliação consciente do indivíduo de sua vida, usando seus próprios critérios[7].

---

7 Cf. W. Pavot; E. Diener, Review of the Satisfaction With Life Scale, *Psychological Assessment*, v. 5, n. 2.

Budismo

> [*No budismo, o termo sânscrito*] Sukha *significa, assim, um estado de bem-estar estável que se manifesta quando nos livramos da cegueira mental e das emoções. Significa também a sabedoria que nos permite ver o mundo tal como ele é, sem véus ou distorções. Significa, finalmente, a alegria de se mover em direção à liberdade interior, à bondade amorosa e à compaixão que irradiamos em direção aos outros.*
>
> MATTHIEU RICARD

A psicologia budista – ao contrário tanto da psicanálise como da psiquiatria, do behaviorismo cognitivo, da psicologia existencial e das psicologias humanistas – não pressupõe a existência de uma entidade, na psique de cada indivíduo, chamada ego. A noção de ego está em oposição aos preceitos básicos da psicologia budista, para a qual a noção de ego é ilusória e a noção de não ego é fundamental para o trabalho rumo à felicidade[1]. A superação da ideia do ego não é exclusiva do budismo. Kenneth J. Gergen, uma referência em

---

[1] Cf. G.T.M. Kwee, Relational Buddhism: An Integrative Psychology of Happiness Amidst Existential Suffering, em S.A. David et. al. (eds.), *The Oxford Handbook of Happiness*.

psicologia social, dedica toda uma obra a defender a ideia de um mundo relacional no qual o ego, visto como uma entidade encerrada em nossa mente, é uma noção falsa:

> O desafio do presente trabalho é pesquisar além da tradição do Iluminismo. Minha tentativa é de dar conta da ação humana que possa substituir a presunção de egos isolados com a visão de relação. Eu não penso em relações entre egos que estão separados, mas sim em um processo de coordenação que precede o próprio conceito de ego. Minha esperança é demonstrar que virtualmente toda ação inteligível nasce, é mantida ou é extinta no interior do andamento do processo da relação.[2]

Em vez de egos encerrados em seus respectivos invólucros corporais, a verdadeira realidade psíquica é constituída por inter-relações. A imagem de egos isolados e independentes que se comunicam ou tentam se comunicar entre si é substituída por inter-relações. Os egos propriamente ditos não passam de ficções pragmaticamente úteis, não têm existência autônoma, seu fundamento são as referidas inter-relações.

A felicidade budista, ou *sukha*, não é um estado do ego (inexistente) que depende de fatores externos. É um estado da mente que depende de nosso esforço constante e contínuo, uma espécie de treinamento em que a meditação exerce um papel fundamental. O treinamento consiste em um controle do fluxo desordenado de nossos pensamentos, que nos pode causar sofrimento. Ruminar sobre o passado e se preocupar com o futuro nos impedem de viver plenamente o momento presente, que é a única realidade ao nosso dispor. Como o nosso estado mental depende muito mais de nossos pensamentos e interpretações que dos próprios fatos que ocorrem em nossa vida, controlar o fluxo interminável de ruminações e preocupações, bem como tentar esvaziar a mente, é o caminho seguro em direção ao bem-estar subjetivo. Este, mais que a satisfação de nossos desejos, é, segundo a doutrina budista, o roteiro para a felicidade. As quatro verdades sagradas do budismo são:

> 1. A vida é sofrimento e dolência, nascimento, enfermidade, morte, carência do que se deseja e a posse do que não se deseja têm um nome comum: dor.

2   *Relational Being*, p. xv

2. A causa do sofrimento é a sede de existir, o perpétuo renascer e a roda do ser.

3. Só a cessação do sofrimento, a extinção completa dessa sede, pode produzir a salvação.

4. Há um caminho para a salvação[3].

A partir desse diagnóstico das causas de nosso sofrimento, o budismo indica um tratamento composto de oito vias, ou caminhos, divididas em três categorias: sabedoria, conduta ética e educação da mente:

1. visão correta ou compreensão correta (sabedoria);
2. intenção correta, ou pensamento correto (idem);
3. fala correta (conduta ética);
4. ação correta (idem);
5. meio de subsistência correto (idem);
6. esforço correto (educação da mente);
7. atenção plena correta (idem);
8. concentração correta (idem).

O óctuplo caminho é um sistema prático para eliminar a ignorância e o sofrimento de nossas mentes e estilo de vida, por meio da atenção plena aos pensamentos e ações. As três partes associadas à educação da mente são as habilidades e ferramentas mentais utilizadas para se atingir a felicidade.

O esforço correto e a concentração na educação da mente

Consiste, primeiramente, em clarear nossa mente dos pensamentos negativos. Uma vez conseguido isso, e através de pensamentos positivos, deve-se tentar conseguir um estado tranquilo da mente, que conduz à prática da atenção plena (*mindfulness*) e à concentração (meditação). A concentração é uma disciplina mental cujo objetivo é transformar a mente. A concentração correta é o núcleo da prática da

---

3   J. Ferrater Mora,*Diccionario de Filosofía*, p. 239.

meditação. Segundo Buda, existem quatro estágios da concentração profunda, ou *dhyana*:

- No primeiro estágio da concentração, desaparecem os impedimentos mentais e as intenções pouco corretas, atingindo-se um estágio de beatitude ou bem-estar subjetivo.
- No segundo estágio cessam as atividades da mente e resta apenas a beatitude.
- No terceiro estágio, a própria beatitude começa a desaparecer.
- No quarto estágio, final, desaparecem todas as sensações, até a beatitude, e são substituídas por uma total paz de espírito. Buda descreveu esse estágio como profundo estado de felicidade.

Para o budismo, a jornada rumo a uma profunda forma de felicidade requer um olhar inflexível à realidade, em que toda a vida é vista como *dukka*, ou sofrimento. Para libertar a mente de suas várias ilusões e desejos, e atingir a consciência plena, o budismo propõe a prática da atenção plena.

Atenção plena correta (mindfulness)

Um dos ensinamentos mais importantes do budismo, a atenção plena correta inseriu-se na cultura popular e na psicoterapia moderna. Essa forma de atenção é importante em todos os aspectos da vida para ver as coisas como realmente são. A atenção plena tem quatro fundamentos: a contemplação do corpo, a contemplação dos sentimentos, a contemplação dos estados da mente e a contemplação dos fenômenos.

Em suma, trata-se de experimentar o momento presente com uma atitude de abertura para toda e qualquer experiência. Pela atenção plena podemos nos livrar das paixões e desejos compulsivos que frequentemente nos fazem reféns dos remorsos do passado e preocupações com o futuro.

A consciência plena demanda uma disciplina para que se possa obter uma transformação da mente. Obesos que comem[4] compulsi-

---

4   K.J. Gergen, op. cit., p. 308.

vamente podem libertar-se da compulsão se ficarem completamente atentos aos alimentos que ingerem. As pessoas são convidadas a meditar longamente sobre o gosto e a textura de uma simples uva passa; um segundo exercício é concentrar-se na diferença entre duas comidas para ficar plenamente consciente na ocasião de escolher entre elas. Kabat-Zinn (ver ATENÇÃO PLENA) tem desenvolvido práticas de meditação para lidar com a dor, que podem ser ativadas a qualquer momento de necessidade.

Retomamos a fórmula exposta no verbete MATEMÁTICA DA FELICIDADE: a quantidade de felicidade (F) é o quociente entre tudo o que temos (T) em considerado momento (T_1) e tudo o que desejamos (D) consciente ou inconscientemente no mesmo momento. Reduzindo isso a uma fórmula, temos: $F = T/D$. Se reduzirmos nosso desejo a zero teremos uma felicidade infinita. Se a ciência da felicidade demanda aumentar o que temos (T), a fórmula do budismo seria anularmos nossos desejos (D = o). É óbvio que uma fórmula matemática não pode dar conta de um fenômeno tão complexo como a felicidade; seria um julgamento reducionista. Todavia, é o modo talvez metafórico de exprimir a anulação ou pelo menos a diminuição de nossos desejos como uma via segura para a felicidade.

A fórmula matemática nos mostra que o caminho budista para a felicidade é oposto ao implícito na sociedade de consumo (ver SOCIEDADE DE CONSUMO). O grande problema, ou nó górdio, do consumismo demanda não um golpe apenas para ser desatado, mas um esforço contínuo; não uma mudança radical, para tornar nulos nossos desejos, mas a substituição de desejos hedônicos por desejos eudaimônicos (ver HEDONIA E EUDAIMONIA). Seria a aplicação do importante "princípio do meio" do budismo.

Butão

Ver FELICIDADE INTERNA BRUTA.

Capital Psicológico

A felicidade depende de se ser livre, e a liberdade depende de se ser corajoso.
TUCÍDIDES

A felicidade significa a aceitação corajosa da vida.
ERIC FROMM

 capital psicológico (*psychological capital*) é um constructo central composto dos recursos psicológicos pessoais de esperança, eficiência, resiliência e otimismo[1]. A esperança é definida como um estado motivacional positivo, derivado de um agenciamento dirigido a uma meta e aos percursos para essa meta; significa ter confiança em se esforçar para conseguir sucesso em determinada tarefa. A eficiência (às vezes chamada de "eficácia") é a confiança na própria habilidade para mobilizar a motivação, os recursos cognitivos e os cursos de ação necessários para cumprir tarefas em determinado contexto. A resiliência é a capacidade para recuperar-se após uma adversidade, conflito ou falha.

---

[1] F. Luthans et al., The Development and Resulting Performance Impact of Positive Psychological Capital, *Human Resource Development, Quarterly*, v. 16.

O otimismo é a expectativa geralmente positiva para o presente e para o futuro.

Outros recursos podem ser adicionados ao capital psicológico, como a criatividade e a sabedoria (cognitivos); fluxo e bom humor (afetivos), gratidão, capacidade de perdoar, inteligência emocional, espiritualidade, coragem e autenticidade[2].

O capital psicológico (CP) é relevante para a obtenção de bem-estar subjetivo ao longo do tempo. Seus atributos – esperança, eficácia, resiliência e otimismo – podem influenciar a maneira de interpretar e avaliar uma situação. As avaliações subjetivas, mas positivas, podem prever com mais força o bem-estar do que os próprios eventos objetivos. As avaliações cognitivas positivas são capazes de facilitar o acesso a eventos positivos. O capital psicológico pode também contribuir sensivelmente para ampliar o capital social, e assim contribuir para o bem-estar. O CP muitas vezes consegue explicar o bem-estar e a felicidade segundo vários mecanismos[3], a saber:

1. Mecanismo cognitivo. Os componentes do CP – esperança, eficiência, resiliência e otimismo – podem influenciar como as pessoas atuam de vários modos. Avaliações cognitivas positivas ajudam a conter a tendência negativa e facilitam uma avaliação mais favorável dos eventos. Assim, um evento não desejado, como, por exemplo, uma tarefa difícil, pode se transformar em um desafio e em uma oportunidade.

2. Mecanismo afetivo. O CP é capaz de facilitar e manter os AFETOS POSITIVOS que contribuem para o bem-estar subjetivo. Um modelo é sugerido para ilustrar o papel dos afetos positivos no processo. As emoções geradas pelo desenvolvimento do CP ajudam a ampliar os recursos psicológicos e a mobilizar os recursos do capital social no sentido de estimular a felicidade e de motivar objetivos mais desafiadores[4].

3. Mecanismo conativo. O processo conativo é definido como "o processo mental que ativa e/ou que dirige o comportamento e a ação". É um processo proativo, em contraste a um processo reativo ou

---

2   Cf. C.M. Youssef; F. Luthans, Managing Psychological Capital in Organizations, em S.A. David et al. (eds.), *The Oxford Handbook of Happiness*.

3   Ibidem.

4   Ibidem.

habitual[5]. O agenciamento positivo das ações aumenta a autoestima e mobiliza voluntariamente os recursos e o leque das ações possíveis, levando a aumento do bem-estar.

O constructo capital psicológico aparece em pesquisas sobre a busca do bem-estar. Uma dessas pesquisas investigou o efeito do capital psicológico para amortecer o estresse de estudantes quando enfrentam circunstâncias adversas[6]. Esse estudo examinou a influência do CP sobre o bem-estar dos estudantes de graduação de uma universidade do oeste dos Estados Unidos, e concluiu que o CP possibilitou melhores condições psicológicas para enfrentar o estresse devido ao receio de resultado negativo nos exames semestrais.

A mais ampla repercussão do capital psicológico tem sido, no entanto, no âmbito das organizações. Atualmente, a globalização, a consequente forte concorrência internacional associada às crises econômicas e às incertezas decorrentes têm estimulado o estudo teórico e as pesquisas para melhorar o bem-estar dos trabalhadores nas organizações, indústrias e empresas em geral. Nesse caso, a busca da felicidade é instrumental: não se busca a felicidade e o bem-estar por si próprios, mas, em boa parte, como instrumentos para que um funcionário mais feliz produza mais e melhor, além de resistir mais à adversidade, com otimismo e, se possível, bom humor.

Conforma-se com isso um novo campo teórico e prático: o *comportamento organizacional positivo* (COP), definido como "o estudo e a aplicação dos recursos humanos e capacidades psicológicas positivas que podem ser medidas, desenvolvidas e gerenciadas para a melhoria do desempenho". Luthans determinou que um conceito, para ser reconhecido como integrante do COP, deve atender aos critérios:

a. basear-se em fundamentos teóricos consistentes;
b. ser mensurável atendendo o critério de validade e confiabilidade;
c. ser exclusivo do COP;
d. ser reconhecido como um estado, isto é, aberto a mudança e ao desenvolvimento[7].

---

5   Cf. W. Huit; S. Cain, An Overview of the Conative Domain, *Educational Psychology Interactive*.
6   Cf. L. Riolli et al., Psychological Capital as a Buffer to Student Stress, *Psychology*, v. 3, n. 12.
7   Cf. F. Luthans, Positive Organizational Behaviour: Developing and Managing Psychological Strengths, *Academy of Management Executive*, v. 16.

Os quatro componentes do CP – a esperança, a eficiência, a resiliência e o otimismo – tradicionalmente foram, em si mesmos, considerados constructos na psicologia e como tal podem ser avaliados separadamente. Não obstante, as pesquisas mostraram que o CP, como constructo de ordem superior, é um melhor previsor do bem-estar e da felicidade que qualquer um dos quatro considerados isoladamente[8].

O CP tem sido categorizado como quase-estado (*state like*) na seguinte classificação:

- estados positivos são momentâneos e muito mutáveis. Representam nossos sentimentos. Exemplos podem incluir prazer, estados positivos de humor, felicidade.
- estados quase positivos são relativamente maleáveis e abertos ao desenvolvimento. O construto CP pode incluir não só a esperança, a eficiência, a resiliência e o otimismo, como possivelmente a sabedoria, a gratidão, o perdão e a coragem como tendo propriedades de quase-estado.
- quase traços são relativamente estáveis e difíceis de mudar; representam atributos da personalidade.
- traços positivos são estáveis, fixos e muito difíceis de mudar. Podem incluir a inteligência, os talentos e demais características herdadas[9].

A diferenciação entre traços e estados, mais suas caracterizações, se dá na percepção de que os primeiros são estáveis e os segundos são mutáveis, passíveis de serem trabalhados – desde que seus atributos sejam desejáveis – e isso pode ser feito mediante treino e aprendizado. Tal modo de ampliar o CP assume então especial importância na busca da felicidade. A fim de se avaliar, comparar e aferir os eventuais progressos do CP, é importante divisar procedimentos para medi-lo.

---

8   Cf. F. Luthans et al., Positive Psychological Capital: Measurement, and Relationship with Performance and Satisfaction, *Personnel Psychology*, v. 60, n. 3.
9   Ibidem.

Medida do capital psicológico

Luthans formulou um questionário de 24 quesitos para mensurar o CP, transcrito abaixo em uma versão adaptada por Parker[10]:

Questionário de CP – doze itens

Em uma escala de cinco pontos, coloque a sua posição sendo:
1 = Discordo totalmente;
2 = Discordo;
3 = Discordo parcialmente;
4 = Concordo parcialmente;
5 = Concordo totalmente.

Execute esse procedimento nos doze itens:
1. Sinto-me confiante quando represento minha área de trabalho em reuniões com diretores. [   ]
2. Sinto-me confiante quando contribuo em discussões sobre a estratégia da empresa. [   ]
3. Sinto-me confiante quando apresento informações a um grupo de colegas. [   ]
4. Quando fico confuso em meu trabalho posso pensar em muitas maneiras de sair da confusão. [   ]
5. Neste momento, sinto-me bastante bem-sucedido no trabalho. [   ]
6. Posso pensar em muitos modos de atingir meus objetivos atuais no trabalho.
7. Neste momento estou atingindo os objetivos a que me propus. [   ]
8. Posso ser "eu mesmo" no trabalho se for necessário. [   ]
9. Usualmente, ocorrem fatos estressantes no trabalho. [   ]
10. Posso atravessar tempos difíceis no trabalho porque já experimentei dificuldades no passado. [   ]
11. Sempre vejo o lado brilhante de minhas tarefas. [   ]
12. Estou otimista sobre o que vai me acontecer no futuro quanto a minha atividade profissional. [   ]

Aferição: Calcule a média dos itens em cada dimensão e a média geral para chegar a seu resultado.
Eficiência: itens 1-3;
Esperança: itens 4-7;
Resiliência: itens 8-10;
Otimismo: itens 8-12.

---

10 Cf. S. Parker, Enhancing Role-Breadth Self-Efficacy: The Roles of Job Enrichment and Other Organizational Interventions, *Journal of Applied Psychology*, v. 83. Várias teses universitárias sobre o capital psicológico foram defendidas na Universidade Metodista de São Paulo sob a orientação da professora Maria Matias Siqueira. Entre outras: Luciano Gonçalves Lima, *Capital Psicológico Como Moderador Entre Percepções de Suporte no Ambiente Social e no Contexto Organizacional de Empreendimentos Econômicos Solidários*; Marcello Carlos Portela Bonino, *O Papel Moderador do Capital Psicológico Sobre a Relação Entre Percepção de Suporte Social e Adesão ao Tratamento*.

Capital Social

s economistas têm distinguido duas formas de capital. A primeira é o *capital físico*, constituído pelo patrimônio físico, utilizado para a produção de bens ou serviços, e formado por edificações, materiais, ferramentas, máquinas etc. – o que poderíamos denominar genericamente de *hardware* da unidade produtiva. A outra forma é o *capital humano*, constituído pelo nível educacional e profissional, por habilidades e competências formais e tácitas, dos operadores humanos do capital físico – o que poderíamos denominar de *software* da unidade produtiva. Recentemente, foi desenvolvido pelos sociólogos o conceito de um terceiro tipo de capital: o *capital social*. Em verdade, a ideia de que o envolvimento do indivíduo com outros e sua participação em grupos lhes são favoráveis pelos benefícios daí decorrentes já fora mencionada por Émile Durkheim, entre o final do século XIX e o início do XX, que a considerava como antídoto para a anomia das populações das grandes cidades. Um dos primeiros sociólogos a formular um estudo sistemático do conceito de capital social foi Pierre Bourdieu, que o definiu como: "o agregado dos recursos efetivos ou potenciais ligados à posse de uma rede durável de relações mais ou menos institucionalizadas de conhecimentos ou reconhecimentos mútuos"[1]. Para Bourdieu, o capital social é decomponível em dois elementos: uma relação de tal natureza que permite aos seus participantes solicitar o acesso aos recursos possuídos pelo grupo e a quantidade e qualidade desses recursos como empréstimos subsidiados, mercados protegidos, informações não disponíveis ao público em geral etc. Esses são benefícios que guardam a obrigação de reciprocidade, em geral garantida por compromissos informais de lealdade e confiança entre os membros do grupo. No capital social distinguem-se três componentes: as redes sociais formais e informais, que comportam interações e sociabilidade; a confiança e reciprocidade nas interações; o sentido dos membros da rede de "pertencerem" a uma família, corporação, rede social etc.[2]

Colemann[3] considerou que o capital social compreende uma dimensão relacional, que provê recursos para os indivíduos por meio de suas interações. Assim, o capital social é formado por um tipo de relação social que inclui expectativas e obrigações de confiança e reciprocidade reguladas por normas e valores; é um patrimônio virtual de um grupo, comunidade ou rede social, que se concretiza nas interações que ocorrem na realidade – e, para se conseguir uma comunidade com considerável capital social, as atitudes e os comportamentos de confiança e reciprocidade devem ser mútuos e estáveis entre os indivíduos. Colemann definiu então o capital social como "uma variedade de entidades com dois elementos em comum, ambas contêm um aspecto de suas estruturas sociais que facilitam as ações de seus atores-pessoas ou atores coletivos, no interior da estrutura".

A ausência ou insuficiência da disponibilidade de capital social é também correlacionada à carência de bem-estar subjetivo (BES), pois causa isolamento social ligado à infelicidade e à doença. Além disso, as pessoas idosas que vivem sós e sem amigos têm mais probabilidade de desenvolverem a doença de Alzheimer, sendo constantes outros fatores.

---

[1] Cf. P. Bourdieu, The Forms of Capital, em J.G. Richardson (ed.), *Handbook of Theory and Research for the Sociology of Education*.

[2] Cf. N.J. Schaefer-McDaniel, Conceptualizing Social Capital among Young People: Toward a New Theory, *Children, Youth and Environments*, v. 14, n. 1.

[3] Cf. J.S. Colemann, Social Capital in the Creation of Human Capital, *American Journal of Sociology*, v. 94.

Algumas das vantagens do cs relatadas em pesquisas[4] são benefícios como maior expectativa de vida, melhor saúde física e mental, menor índice de suicídio ligado ao isolamento social. Conforme Runyam e colaboradores, "O capital social dos pais confere benefícios a seus filhos tanto quanto as crianças se beneficiam do capital humano e financeiro dos pais"[5].

O capital social assim definido é, em certos casos, tão ou mais importante do que a própria renda para o bem-estar subjetivo, ou, se quisermos, para a própria felicidade das pessoas.

De modo geral, as pesquisas confirmam que o capital social está conectado ao bem-estar subjetivo de várias formas: família, amigos, vizinhos, cidadania, saúde etc.[6]

Segundo o vínculo entre os indivíduos componentes da rede, costuma-se distinguir formas de capital social: aquela formada por laços entre pessoas semelhantes em sua origem étnica, em idade, classe social etc., e a forma que corta transversalmente essas clivagens.

Alguns autores entendem o capital social como um bem público[7] que facilita resultados benéficos para a comunidade, um aumento de cidadania, redução das atividades criminosas etc. Outros, como Bourdieu, entendem o capital social como um capital privado com benefícios para o indivíduo, como sucesso acadêmico, melhores empregos etc.[8]

Putman considerou três níveis de capital social: o **capital social cativo** (*bonding social capital*), interno e exclusivo de uma comunidade, pois não concerne a outras comunidades, como as associações profissionais; o **capital social interconectado** (*bridging social capital*), que compreende atividades com pessoas de diversas origens que trabalham para uma causa comum, como o movimento contra a violência; e o **capital social sinérgico**, que atua quando os governos cooperam com redes comunitárias e organizações a fim de atingir objetivos comuns.

O capital social é, sem dúvida, fonte de poder e auxilia os indivíduos que têm acesso a satisfazer determinadas carências, oportunidades

---

4 Cf. J.F. Helliwell; R.D. Putnam, The Social Context of Well-Being, em F.A. Huppert et al. (eds.), *The Science of Well-Being*.

5 Cf. Children Who Prosper in Unfavorable Environments: The Relationship to Social Capital, *Pediatrics*, v. 101.

6 Cf. J.F. Helliwell; R.D. Putnam, op. cit.

7 R.D. Putnam, The Prosperous Community, Social Capital and Public Life, *The American Prospect*, v. 13.

8 P. Bordieu, op. cit.

que não teriam como pessoas isoladas. No entanto, é intangível, pois, ao contrário do capital humano (que está na cabeça das pessoas) e do capital econômico (que está nas contas bancárias, nas ações e nos bens imóveis), o capital social está na estrutura das relações. Os conflitos dele resultantes muitas vezes podem ser resolvidos por mediação interna, independentemente dos tribunais civis. O seu poder reside em confiança mútua, crenças e valores introjetados.

Encontra-se um aspecto negativo do capital social ao ser utilizado por organizações ilegais com objetivos antissociais; grupos como a máfia ou o PCC são exemplos de organizações com alta coesão e eficácia, dedicadas a atividades criminosas. O fato de os grupos serem coibidos pelas autoridades legais põe freio a um possível alto grau de confiança mútua e reciprocidade entre seus membros[9]. As consequências do capital social utilizado para favorecer atividades criminosas foram relatadas em numerosas pesquisas[10].

Alejandro Portes comenta sobre esse aspecto negativo do capital social: "A investigação publicada sobre o capital social acentua fortemente as suas consequências positivas. De fato, é característica do nosso enviesamento sociológico a tendência para ver emergir da sociabilidade coisas boas; as más são mais comumente associadas ao comportamento do *Homo oeconomicus.*"[11]

O valor do capital social da máfia ou de outros grupos dedicados a atividades ilegais depende então de uma solidariedade mútua entre seus membros, penalizada fortemente em caso de descumprimento. Não cumprir a obediência e a fidelidade ao chefe da *famiglia* mafiosa pode acarretar não apenas a exclusão do grupo como a própria execução, a pena de morte. A mesma norma impera em grupos

---

9   A teoria de jogos descreve uma situação denominada "dilema do prisioneiro", em que dois parceiros suspeitos de um crime são presos, mas a polícia não tem provas do crime. São interrogados isoladamente e a cada um, sem o outro saber, é oferecida a opção de confessar o crime e denunciar o comparsa, caso em que teria uma diminuição da pena e o comparsa teria uma pena agravada. A outra opção seria ambos ficarem em silêncio, caso em que a polícia não poderia comprovar o crime e ambos seriam ou soltos ou condenados a uma pena branda. A desconfiança mútua pode conduzir cada qual a confessar, o que ocasiona, sem dúvida, o pior resultado para ambos. O silêncio dos dois daria o melhor resultado. A opção que prevalece pode ser um indício do valor do capital social da quadrilha (confiança, fidelidade etc.). A delação premiada nos processos de corrupção na operação Lava Jato revelou (felizmente) a falta de coesão dos atores individuais envolvidos, tanto funcionários da Petrobras como diretores de grandes empreiteiras.

10   Cf. OECD, *The Well-Being of Nations: The Role of Human and Social Capital.*

11   Cf. A. Portes, Capital Social: Origens e Aplicações na Sociologia Contemporânea, *Sociologia Problemas e Práticas,* v. 33.

criminosos como o PCC, que atua fora e dentro dos próprios presídios. Em certos casos, como das quadrilhas de traficantes que "residem" nas favelas, esses grupos angariam alguma simpatia dos favelados mediante pequenos benefícios distribuídos em caso de necessidade: certos auxílios sociais que seriam obrigação do governo, mas são negados por autoridades ineptas, incapazes ou corruptas. Há então um lado peculiar do capital social das quadrilhas dedicadas a atividades ilegais, a troca de favores, que pode render alguma solidariedade dos habitantes da favela. As consequências socialmente negativas desses grupos tornam, por várias razões, o acesso difícil a pessoas estranhas. O mesmo acontece com grupos étnicos fechados, grupos elitistas etc. Também podem ocorrer algumas restrições à liberdade individual dos membros desses grupos.

Confiabilidade e Validade

ma medida necessita aferir com precisão o conceito que pretende medir, e tal precisão é avaliada em termos de confiabilidade (*reliability*) e validade (*validity*). A importância da confiabilidade repousa na segurança de que os dados são obtidos independentemente do evento que está sendo medido, instrumento ou pessoa. Dados confiáveis, por definição, são aqueles que permanecem constantes ao longo das variações do processo de medição. Isso significa que a leitura dos dados textuais, assim como o resultado, é replicável, e que os pesquisadores concordam sobre o que falam. Para executar testes de confiabilidade, o analista necessita dados em adição aos dados cuja confiabilidade está sendo julgada. São os chamados **dados de confiabilidade**, obtidos pelos analistas duplicando suas pesquisas sob várias condições, por exemplo: usando vários pesquisadores, com diferentes traços de personalidade; trabalhando em diferentes ambientes ou confiando em diferentes dispositivos, mas igualmente funcionais. A confiabilidade é indicada pelo acordo substancial de resultados entre as duplicações. A confiabilidade não concerne a nada externo ao procedimento de pesquisa.

Em contraste, a validade concerne a "verdades". Os pesquisadores não podem se certificar da validade por duplicações. Os testes de validade proclamam resultados de uma pesquisa contra uma evidência obtida independentemente desse esforço. Assim, enquanto a confiabilidade assegura que os resultados de uma pesquisa podem ser duplicados e apenas uma pequena quantidade de ruído pode ter poluído o processo, a validade assegura que as pretensões que emergem da pesquisa nascem dos fatos. A confiabilidade não garante a validade. Dois observadores do mesmo evento, que mantêm o mesmo sistema conceitual, preconceito ou interesse, podem concordar com o que veem, mas ainda assim há possibilidade de ambos estarem objetivamente errados.

Um exemplo é capaz de ilustrar os conceitos de confiabilidade e validade. Imaginemos o problema de aferir o bem-estar subjetivo (BES) de uma pessoa com três observadores (O_1, O_2 e O_3) e em três tempos: T_1; T_2; T_3.

$$O_1 \quad O_2 \quad O_3$$
$$T_1 \quad T_2 \quad T_3$$

A confiabilidade pode ser testada em dois estágios:

1. estabilidade: o mesmo observador O_1 repete a aferição em tempos diferentes: (inconsistências intraobservador): (O_1T_1), (O_1T_2), (O_1T_3).
2. reprodutibilidade: dois ou mais observadores repetem a aferição no mesmo tempo: (O_1T_1), (O_2T_1), (O_3T_1) (inconsistências interobservadores).

A confiabilidade resulta da:

estabilidade + reprodutibilidade + desvios em relação a um padrão (P).

Imaginemos um exemplo hipotético em que a confiabilidade dos resultados da primeira questão, "satisfação com a vida", correspondeu a um índice de correlação de 0,75 (numa escala de 0 até 1) entre os dados colhidos pelas pesquisas *Gallup World Poll* e *World Values Survey* em amostras de noventa países[12]. O resultado dos testes e

---

12 Cf. C. Bjornskow, How Comparable Are the Gallup World Poll Life Satisfaction Life Data?, *Journal of Happiness Studies*, v. 11.

retestes para a avaliação da confiabilidade no item Satisfação Com a Vida mantém uma correlação entre 0,5 e 0,7 quando a repetição dos testes se dá em períodos entre um dia e duas semanas[13].

Os testes e retestes das medidas de bem-estar subjetivo em geral mostram um índice de confiabilidade menor do que no caso dos índices demográficos, como os do mercado de trabalho, educação e renda (em torno de 0,9). Em geral, o índice de confiabilidade de 0,70 é considerado aceitável para o BES[14]. A validade das medidas do BES é mais difícil de ser acessada, inclusive porque não existe o contraponto de uma medida objetiva. Um exemplo pode esclarecer esse fato: a medida pessoal da sensação de febre que uma pessoa tem pode ser comparada com a medida objetiva que o termômetro oferece quando colocado em sua axila. Isso não ocorre com o BES, que não oferece nenhuma referência objetiva. Apenas alguns indicadores convergentes podem oferecer uma validade razoável.

Alguns indicadores biológicos dos afetos positivos e negativos têm mostrado certa correlação positiva com os autorrelatos de BES. Esses indicadores são:

1. Indicadores de caráter biológico ou neurológico:
    1a. Indicadores eletroencefalográficos dos lobos cerebrais frontais têm mostrado uma atividade eletrocardiográfica diferenciada e correlata a níveis diferentes de BES.
    1b. Os níveis de certas substâncias como o cortisol (correlação negativa com o BES), o estado do sistema imunológico e alguns parâmetros do sistema cardiovascular também têm exibido um grau de correlação com os autorrelatos do BES.
2. Informações de caráter psicossociais:
    2a. Informações dadas por familiares e amigos podem, em certa medida, corresponder aos autorrelatos; as pessoas mais felizes lembram um número maior de eventos felizes, sorriem com mais frequência etc.[15]

---

13 Cf. A. Krueger; D. Schkade, The Reliability of Subjective Well-Being Measures, *Journal of Public Economics*, v. 92.
14 Cf. OECD, *Guidelines on Measurement Subjective Well-Being*.
15 Cf. E. Diener; W. Tov, National Accounts of Well-Being, em K.C. Land; A.C. Michalos (eds.), *Handbook of Social Indicators and Quality of Life Research*.

DICIONÁRIO INCOMPLETO DA FELICIDADE

2b. As pessoas com maior índice de BES lembram com mais frequência os fatos ou tempos felizes do que as pessoas com menor índice de BES.

2c. Alguns estudos sobre entrevistas realizadas logo após os autorrelatos revelaram que os entrevistadores chegaram a resultados convergentes com respeito aos resultados dos autorrelatos.

2d. As pessoas com maiores índices de BES em autorrelatos tendem a ser mais sorridentes e apresentar uma posição mais otimista diante dos eventos da vida.

Os resultados dos experimentos do método de reconstrução do dia (descrito no verbete AFETOS) e das amostras experimentais também têm apresentado correlação positiva com os autorrelatos referentes ao BES.

Em geral, os resultados dos autorrelatos do BES e as medidas alternativas convergentes têm mostrado uma correlação positiva de 0,20 até 0,50 (numa escala de 0 até 1)[16]. Esses dados são confirmados e ampliados[17].

Os dados que se correlacionam positivamente com a satisfação com a vida são:

1. sorriso frequente;
2. sorriso com os olhos (impossível de fingir);
3. opinião de amigos sobre a felicidade de alguém;
4. expressões verbais frequentes de emoções positivas;
5. sociabilidade e extroversão;
6. qualidade do sono;
7. felicidade de parentes próximos;
8. autopercepção de boa saúde;
9. rendimento alto em relação ao grupo de referência;
10. envolvimento ativo com a fé religiosa;
11. mudanças positivas recentes de circunstâncias (aumento de renda, casamento).

---

16 Ibidem.
17 D. Kahneman; A.B. Krueger, Developments in Measurement of Subjective, Well-Being, *Journal of Economic Perspectives*, v. 20, n. 1.

Validade

Ao contrário da confiabilidade, que é um indicador interno, a validade deve ser avaliada comparando-se com outros modos de aferição. Assim, a confiabilidade de uma medida de distância feita por uma trena pode ser aferida pela utilização da mesma trena por outras pessoas, em diferentes condições de temperatura etc. Já sua validade deve ser conferida pela mesma distância medida por meios de outra natureza, como um telêmetro, por exemplo.

Um procedimento para aferir o BES pode ter sua precisão aumentada quando se evitam os efeitos dos julgamentos e da memória. O **método de amostragem experimental** (*Experience Sampling Method*, ESM) foi desenvolvido para coletar os sentimentos da pessoa em tempo real, em ambiente natural e durante determinados momentos do dia. Os participantes da experiência trazem consigo um pequeno computador que solicita várias vezes durante o dia (ou dias) a resposta imediata a um conjunto de questões. Os participantes acessam vários menus, onde devem indicar sua localização física, as atividades em que estão envolvidos no momento da solicitação, as pessoas com quem estavam interagindo etc. Cada participante também deve relatar sua experiência subjetiva desse momento indicando a extensão em que percebe a presença ou ausência dos sentimentos como irritação, felicidade, cansaço, impaciência etc.[18]

Os resultados das enquetes sobre o grau do bem-estar subjetivo podem influenciar as decisões tomadas acerca das POLÍTICAS PÚBLICAS. Examinando-se os onze itens mencionados acima, que podem ser relacionados a fatores com correlações positivas com o BES, verificamos que afinal o bem-estar subjetivo corresponde a um constructo mais amplo do que o próprio PIB para aferir um progresso não só econômico como no autoconhecimento e psicossocial. A substituição do indicador PIB (Produto Interno Bruto) pelo FIB (Felicidade Interna Bruta) foi feita pelo governo do Butão em 1970 (ver FELICIDADE INTERNA BRUTA).

De outro lado, a prospectiva demográfica de aumento da população dos países, do aumento do consumo dos bens materiais, notadamente

---

18 Ibidem. Um comentário, talvez um pouco impertinente, é que, dependendo da atividade em que o participante está envolvido, a irritação pode ser causada justamente porque está sendo interrompida pelo apito do computador. Assim, se a pessoa está namorando, pode ficar irritada ao ouvir o apito do computador – não pelo namoro, mas pela interferência ou interrupção.

nos países mais ricos, e consequente esgotamento dos recursos naturais das próximas décadas indicam a necessidade premente de algumas mudanças profundas em nossas sociedades. Um estudo publicado pela RSSPC termina com quatro recomendações:

1. A comunidade internacional deve tirar da absoluta pobreza um bilhão e meio de pessoas no planeta que vivem com menos de U$1,25 por dia.
2. As economias mais ricas precisam estabilizar e, em seguida, reduzir seus níveis de consumo material, por meio de um intenso progresso no uso eficaz dos recursos naturais, inclusive reduzindo o desperdício; investindo em recursos autossustentáveis, tecnologia e infraestrutura e protegendo o meio ambiente dos impactos da atividade econômica.
3. A saúde reprodutiva e os programas de planejamento familiar demandam uma liderança política e engajamento em níveis nacionais e internacionais.
4. A população e o meio ambiente não devem ser considerados temas separados[19].

Verificamos, por meios dessas recomendações, que não só o progresso como também a própria sobrevivência da humanidade demanda um termômetro diferente do PIB. Esse indicador, por si só, parece ser, ao revés, um indicador do caminho oposto; isto é, se o PIB continuar a crescer indefinidamente, pode indicar até crescimento no uso de recursos materiais, justamente na contramão das quatro recomendações acima.

Tudo aponta a necessidade de um novo indicador para a avaliação das mudanças preconizadas. Um exemplo concreto é o plano governamental do Butãoe o seu índice de Felicidade Interna Bruta, também referido pela sigla GNH (*Gross National Happiness*). Os quatro pilares do FIB são: desenvolvimento socioeconômico sustentável e equânime; conservação ambiental; preservação e promoção da cultura; boa governança[20] (ver FELICIDADE INTERNA BRUTA).

---

19 Cf. *People and the Planet*.
20 Ibidem.

Educação Positiva

A educação positiva aplica, na educação, os princípios da PSICOLOGIA POSITIVA. Isso significa maior estímulo e reforço às atitudes motivadas internamente no aluno: como a substituição das atitudes punitivas do professor, em caso de erros, por elogios, no caso dos acertos, e maior ênfase nas qualidades, nos afetos positivos e no bem-estar subjetivo dos alunos (ver os verbetes MOTIVAÇÕES..., AFETOS... e BEM-ESTAR...).

Algumas dessas características já foram defendidas por filósofos e educadores como John Dewey, Maria Montessori, Abraham Maslow e Carl Rogers. Entre nós, Paulo Freire adotou alguns de seus princípios. A ideia, cara ao construtivismo, de que o aluno não é um recipiente vazio onde o professor despeja um conhecimento já pronto, mas, ao contrário, o aluno reconstrói o conhecimento a partir daquilo que já sabe e assimilou, foi desenvolvida por Paulo Freire e Dewey. A criatividade no ensino defendida pela psicologia positiva também foi desenvolvida pela educadora Maria Montessori.

A educação positiva tem por objetivos[1] "desenvolver habilidades para o bem-estar, o florescimento e o ótimo desempenho de crianças e adolescentes, assim como para os pais e instituições educacionais, amparados pela evidência empírica". Na direção da educação positiva, Chickering e Gamson estabeleceram sete princípios pedagógicos:

1. Os professores devem encorajar o contato entre os estudantes e a escola. Essa cooperação permite um melhor aproveitamento dos recursos disponíveis.
2. Os professores devem desenvolver a reciprocidade e a cooperação entre os estudantes, o que facilita a ajuda mútua e melhora o bem-estar subjetivo, e não devem estimular a competição por notas ou prêmios.
3. Os professores devem encorajar o aprendizado ativo com o aproveitamento dos tópicos dos quais os alunos já têm algum conhecimento.
4. Os professores devem dar uma pronta retroação (*feedback*) ao trabalho dos alunos, o que permite uma verificação do progresso de si próprio.
5. O estudante deve observar o tempo consumido em cada tarefa. Isso lhe permite administrar o seu tempo global.
6. Os professores devem comunicar aos alunos expectativas relativamente altas. Isso permitirá aos alunos valorizar o seu próprio potencial.
7. Os professores devem respeitar os vários talentos e estilos de aprendizado dos alunos, o que permitirá aos alunos verificar e utilizar o melhor meio de apreender[2].

Uma questão relevante, mas polêmica, no contexto da educação positiva é se a educação pode ou deve incluir estudos sobre a felicidade. Muitos estudiosos[3] acham que, se possível, o bem-estar subjetivo deve ser ensinado nas escolas em três níveis: como antídoto à depressão;

---

1 Cf. I. Boniwell, Introduction to Positive Education, em S. David et al. (eds.), *The Oxford Handbook of Happiness*.

2 Cf. A.W. Chickering; Z.F. Gamson, Seven Principles For Good Practice in Undergraduate Education, *American Association for Higher Education Bulletin*, p. 3-7.

3 Cf. M.E.P. Seligman et al., Positive Education: Positive Psychology and Classroom Interventions, em *Oxford Review of Education*, v. 35, n. 3.

como veículo para aumentar a satisfação com a vida; e como ajuda para um ensino melhor e um pensamento mais criativo.

Escolas positivas. Definem-se como escolas em que os estudantes vivenciam predominantemente experiências de bem-estar subjetivo na forma de afetos positivos e atitudes positivas em relação à escola[4]. As escolas em geral não têm atribuído importância especial à presença predominante das emoções positivas entre seus alunos e professores. Pedagogos e planejadores ainda discutem se a felicidade deveria ou poderia ser um objetivo predominante nas escolas e isso é, sem dúvida, um diferencial das escolas positivas. Pesquisas recentes têm mostrado que a frequência dos afetos positivos pode prever o sucesso em numerosos domínios, como casamento, relações de amizade, renda, sucesso profissional e vocacional, saúde física e mental[5].

O MSLSS, ou Multidimensional Students Life Satisfaction Scale[6], é um instrumento de VALIDADE verificada, utilizado para avaliar estudantes de cursos equivalentes aos nossos níveis de ensino fundamental e médio. O MSLSS é multidimensional e incorpora domínios como a família, a escola e outros. Na subescala referente à escola, representa o constructo unidimensional de *school satisfaction* (SS), a satisfação do estudante com a positividade de sua experiência com a escola de modo geral. As respostas dos estudantes representam suas opiniões baseadas em seus próprios critérios e não nos critérios dos professores ou de especialistas em pedagogia[7]. Um alto valor do SS do estudante tem sido associado com desempenho escolar acima da média e um número menor de sintomas psicológicos negativos.

É preciso considerar que o objetivo da educação positiva, de incrementar o bem-estar subjetivo dos estudantes pela predominância dos afetos positivos e da satisfação com a escola (SS), deve ser conciliado com a excelência acadêmica do currículo e dos procedimentos pedagógicos, com a demanda correlata do aproveitamento dos alunos. Essa demanda nem sempre vem isenta de certa ansiedade, insegurança e

---

4   Cf. E.S. Huebner et al., Positive Schools, em S.J. Lopez; C.R. Snyder, *The Oxford Handbook of Positive Psychology.*
5   Cf. S. Lyubomirsky et al., The Benefits of Frequent Positive Affects: Does Happiness Lead to Success?, *Psychological Bulletin*, v. 131, n. 6.
6   O MSLSS foi adaptado à nossa língua, ver L.P. Barros et al., Multidimensional Students Life Satisfaction Scale: Translation into Brazilian Portuguese and Cross-Cultural Adaptation, *Revista Brasileira de Psiquiatria*, v. 36, n. 1.
7   Cf. E. Huebner et al., op. cit.

mesmo competividade entre os próprios alunos ou grupos de alunos, fenômenos próprios de sociedades economicamente desenvolvidas e competitivas coexistindo num mundo globalizado.

Exemplo de uma escola com educação positiva

Veremosaseguiroexemplodeumaimportanteescolaaustraliana que há alguns anos implantou, em seus cursos, programas de educação positiva e expõe de que modo pretende conciliar as demandas da educação positiva com as constrições e problemas da sociedade australiana. Trata-se da Geelong Grammar School (GGS), uma escola tradicional de ensino fundamental e médio da Austrália. Seu corpo discente compreende alunos em regime de internato e de externato. Uma das razões para a implantação dos programas de educação positiva na GGS foi o alto índice de adolescentes depressivos, como informou, em 2009, a instituição australiana de promoção da saúde mental Beyond Blue:

> A depressão e a ansiedade são os problemas mentais mais comuns entre os jovens. Em qualquer dado momento, até 5% dos adolescentes experimentam uma depressão tão severa que demanda tratamento e 20% da população jovem já terá sentido sintomas significativos de depressão ao chegar à idade adulta.[8]

O programa de educação positiva inclui, além das disciplinas e habilidades dos currículos normais, os recursos para incrementar a felicidade. O enfoque da GGS para a educação positiva é baseado em sete pilares: criatividade, emoção, gratidão, mente alerta (*mindfulness*), resiliência, autoeficácia (possuir capacidade, ou mecanismos, de autocorreção) e força de caráter. Para viabilizar o projeto, a GGS criou o Departamento de Educação Positiva, com professores oriundos de Literatura, Linguagens, História, Geografia, Ciências Experimentais e Matemática. Mais informações sobre procedimentos, currículos do programa de Educação Positiva, métodos didáticos e outros poderão ser encontrados na bibliografia mencionada ou *online*. A educação

---

8   Apud M.A. White, Positive Education at Geelong Grammar School, em S.A. David et al. (eds.), *The Oxford Handbook of Happiness*, p. 651.

positiva que a GGS proporciona a seus alunos adolescentes certamente provoca efeitos mensuráveis no presente e, é claro, espera-se que os efeitos no futuro venham a ser verificados por estudos longitudinais.

Modelo de educação positiva da GGS

O modelo da GGS pode ser pensado como um mapa do caminho que as pessoas querem para si mesmas, suas crianças e os estudantes.

Boa saúde – Frequentes emoções positivas; relações que podem dar apoio; um sentido de finalidade e significado; momentos de completa imersão e absorção. Uma vida onde a pessoa usa sua força de caráter de maneira que a apoiem e a outras pessoas, e que tenha o florescimento em seu coração.

Relações positivas – O domínio das relações positivas explora a importância das conexões e as fortes relações para o bem-estar. O foco está em ajudar os estudantes a desenvolver habilidades sociais e emocionais que nutrem as relações consigo mesmo e com os outros. Na Geelong Grammar School, esse domínio é construído numa forte comunidade escolar de cultura do respeito. Em particular, há um profundo esforço dirigido ao desenvolvimento de uma comunidade escolar baseada na bondade e no perdão.

Emoção positiva – O domínio da Emoção Positiva visa a capacitar os estudantes e o corpo discente e administrativo a desenvolver uma sólida compreensão de suas próprias emoções e das emoções dos outros. O foco é criar oportunidades em que a comunidade possa experimentar e usufruir emoções positivas como alegria, amor, gratidão e contentamento. Nós almejamos, a todo o nosso corpo profissional e aos estudantes, a capacidade de iniciar, experimentar, prolongar e construir emoções positivas em suas vidas.

Saúde positiva – O domínio da Saúde Positiva foca no apoio aos estudantes e funcionários em desenvolver hábitos sustentáveis, destinados a favorecer uma saúde física e psicológica ótimas. Tendo em vista o complexo elo entre saúde física e saúde mental, sabemos que a prática das técnicas da mente alerta (*mindfulness*) e da resiliência promovem bons resultados para a saúde. Ambas técnicas também ajudam os estudantes a desenvolver comportamentos saudáveis em termos de exercício, nutrição e sono.

Engajamento positivo – O domínio do Engajamento Positivo ajuda os estudantes e funcionários a experimentarem a imersão em suas atividades através da compreensão da natureza do engajamento, os caminhos que conduzem a ele e o impacto que a imersão produz no bem-estar subjetivo. O objetivo é que todos os membros da comunidade escolar achem fontes de interesse e paixão em suas vidas.

Realização positiva – A realização positiva tem por objetivo desenvolver o potencial individual através do esforço, chegando a resultados significativos. Compreende a ajuda aos estudantes para o aprendizado e capacitação a fim de conseguir resultados que sejam tanto altamente compensadores a si mesmos como à comunidade. A finalidade é apoiar todos os membros da comunidade escolar a aceitar desafios com firmeza, determinação, esperança e vontade de apreender através de suas próprias experiências.

Propósito Positivo (PP) – O domínio do PP explora a compreensão e a crença em que devemos servir a algo maior que nós mesmos. Devemos também nos engajar em atividades que beneficiam os outros. O domínio do PP encoraja os estudantes e os funcionários a acharem forças e encontrarem caminhos para contribuir ao bem-estar subjetivo de outros e da comunidade. Pertencer a uma comunidade escolar que nos dá apoio é um fator benéfico para nosso propósito e bem-estar subjetivo.

Força de Caráter (FC) – De acordo com esse enfoque, cada indivíduo tem qualidades próprias que podem ser utilizadas para desenvolver o bem-estar subjetivo, superar desafios e nutrir as relações. A FC é importante para o florescimento através dos seis domínios do modelo da educação positiva. Estudantes que usam sua FC demonstram um bom desempenho acadêmico que é importante para suas realizações[9].

Não podemos supor, no entanto, que a GGS seja uma ilha paradisíaca no interior de uma sociedade moderna e rica como é a sociedade australiana, com suas contradições, conflitos, alta competividade e seu quinhão de injustiças econômicas e sociais. Se for um espaço experimental, onde se exercite sentimentos, atitudes e comportamentos cooperativos, atos de compreensão e bondade, uma pedagogia que estimule o florescimento e a criatividade, ao lado do esforço e da resiliência, já terá cumprido seu papel como um legítimo espaço onde se pratica a educação positiva.

---

9   Texto traduzido e adaptado do *site* da escola: <https://www.ggs.vic.au/>.

Esteira Rolante Hedônica

Essa felicidade que supomos,
Árvore milagrosa que sonhamos,
Toda arreada de dourados pomos,
Existe, sim: mas nós não a alcançamos
Porque está sempre apenas onde a pomos
E nunca a pomos onde nós estamos.

VICENTE DE CARVALHO

ma esteira rolante é basicamente uma faixa de piso capaz de se mover continuamente e com velocidade regulável, montada sobre uma estrutura fixa; o dispositivo permite andar ou mesmo correr sem sair do lugar. Mas, se andar e correr são capacidades desenvolvidas pelos animais porque são atividades muito importantes para a sobrevivência biológica, qual a vantagem de se gastar esforço para exercê-las sem sair do mesmo lugar?
Uma delas é que a esteira rolante facilita bastante a tarefa de medir, por um eletrocardiograma, a funcionalidade e a saúde do coração, tanto quando o corpo está imóvel, sem dispender quase nenhum esforço, como durante o andar e, gradativamente, até o correr, quando o coração é solicitado

até quase o máximo de sua capacidade. Examinando o resultado nessas várias condições, o cardiologista pode obter importantes dados para o seu diagnóstico.

A segunda utilidade da esteira rolante é possibilitar o exercício aeróbico, oferecendo importantes benefícios para a saúde ou apenas recreação.

O termo "esteira rolante hedônica" (*hedonic treadmill*) foi empregado por Brickman e Campbell em 1971, como uma metáfora para a possibilidade de "corrermos" atrás da felicidade sem conseguirmos sair do mesmo lugar[1]. Uma imagem dessa situação é a corrida de cães atrelados a charretes, pilotadas por um jóquei que, para estimular o animal, pendura um boneco em forma de coelho em uma haste, na frente do cão, que assim dá o máximo de seu esforço buscando atingir o boneco, mas o tempo todo está à mesma distância do "coelho". O cão busca a "felicidade" de alcançar o coelho artificial aumentando sua velocidade sem, todavia, jamais alterar sua distância em relação a ele.

A metáfora da "esteira rolante hedônica" nos mostra que "corremos atrás" de um aumento real de renda buscando aumentar nossa felicidade, ou o nosso bem-estar, mas quando ocorre esse aumento de renda não chegamos a fruir uma real melhora de bem-estar subjetivo, ou se a melhora ocorre é apenas em caráter provisório. (Isso é válido para as pessoas que têm garantidas, ao menos em nível básico, todas as suas necessidades: saúde, alimentação, moradia, educação, transporte, lazer e segurança.) O caráter provisório ou temporário do aumento no BES pode ocorrer por várias razões. A primeira delas se deve a um fenômeno previsto pela TEORIA DO "SET POINT", que afirma que todos nós temos um estado básico de felicidade (bem-estar subjetivo), variável de indivíduo para indivíduo, que pode ser alterado para cima por eventos favoráveis ou para baixo por eventos desfavoráveis, mas que volta ao estado básico após certo tempo. Esse estado básico de bem-estar subjetivo foi denominado pelos pesquisadores como *set point*. Quer ganhemos na loteria ou soframos um acidente grave[2], após uma alteração para cima de nosso bem-estar subjetivo, no caso da loteria, ou para baixo, no caso do

---

[1] Cf. P. Brickman; D.T. Campbell, Hedonic Relativism and Planning the Good Society, em M.H. Aplley (ed.), *Adaptation Level Theory*.

[2] Cf. R.L. Silver, *Coping with Undesirable Life Event: A Study of Early Reactions to physical Disability*.

acidente, nosso bem-estar subjetivo tende, depois de certo tempo, a voltar ao referido *set point*.

A teoria do *set point* contém uma consequência positiva, de adaptar o indivíduo aos eventuais acontecimentos negativos, mas também uma negativa, de tornar fúteis as tentativas individuais ou públicas de aumentar permanentemente o nível de bem-estar subjetivo. Essa teoria foi aceita pelos pesquisadores e reforçada até por observações em que as variáveis demográficas (sexo, idade, nível de escolaridade, renda etc.) tinham fraco fator de correlação (cerca de 20%) com o bem-estar subjetivo do indivíduo[3]. Outro reforço para a teoria do *set point* foi a verificação de que o estabelecimento do nível da linha do *set point*, pelo menos em parte, parece ser devido à herança genética do indivíduo. Durante certo período, a teoria foi confirmada por várias pesquisas.

Todavia, apesar de a teoria ter sido geralmente aceita, após algum tempo surgiram esforços dos pesquisadores no sentido de refutá-la. A partir da década de 1990, as pesquisas mostraram que precisava ser revista. Diener e colaboradores esboçaram cinco pontos que deveriam ser revistos na teoria do *set point*:

1. O *set point* dos indivíduos pode, em certos casos, não prevalecer após alterações causadas por eventos significativos em suas vidas.
2. As pesquisas empíricas revelam que há consideráveis diferenças entre os *set points* dos indivíduos em parte hereditárias e em parte devidas a traços de personalidade. Com respeito ao indivíduo, o nível de bem-estar subjetivo é estável.
3. O nível de bem-estar subjetivo ou de felicidade é composto por variáveis separadas em domínios: trabalho, família, lazer, renda, vida social etc. As variáveis podem se mover em diferentes direções no decorrer do tempo. A ideia de um único *set point* estável fica então inconsistente.
4. A consequência da teoria da esteira rolante hedônica é que pouco se pode fazer, mesmo em longo prazo, para alterar o nível de bem-estar subjetivo. Se essa teoria estiver correta, a ADAPTAÇÃO HEDÔNICA é inevitável e nenhuma mudança dos fatores externos pode conduzir a uma mudança permanente na felicidade da

---

3   Cf. A. Campbell; P.E. Converse; W.L. Rodgers, *The Quality of American Life*.

pessoa. Todos os esforços e programas para essa finalidade seriam inúteis. As próprias políticas públicas com esse objetivo deveriam ser revistas. Estudos posteriores, no entanto, têm mostrado que em certas condições o nível de bem-estar subjetivo pode ser mudado.

5. A estabilidade do nível de bem-estar subjetivo seria em boa parte (de 50 até 80%) devida a fatores genéticos. Isso pressupõe uma adaptação por um processo de natureza homeostática, que deveria ser uniforme a todos os indivíduos. Isso, no entanto, não ocorre, pois as pesquisas têm mostrado considerável variação individual na adaptação[4].

Não obstante esses fatos, os pesquisadores redobraram os esforços para refutar ou amenizar os efeitos da teoria do *set point*.

Como se pode avaliar, o prêmio político para a possibilidade de mostrar a viabilidade de aumentar a felicidade é grande: ao nível individual, uma vez que o objetivo da felicidade sempre foi primordial para o homem; ao nível social, por garantir um nicho de atividades teórico-práticas para as propostas de POLÍTICAS PÚBLICAS em favor do bem-estar subjetivo da população, o que seria feito através da elaboração de programas para o bem-estar subjetivo. O alcance sociopolítico dessas atividades é inegável.

As exceções à teoria da estabilidade do *set point*, como vimos, podem ter consequências negativas quando, após um evento negativo, o *set point* não voltar ao nível anterior. Um estudo longitudinal de quinze anos de duração mostrou que muitas pessoas desempregadas não voltaram ao seu nível anterior de *set point* mesmo após conseguirem um novo emprego[5].

O sentido positivo ocorre quando as exceções à teoria da estabilidade do *set point* mostram eventos ou circunstâncias positivas que elevam o nível do *set point* e torna-se desejável não voltar ao nível anterior, conservando-se o aumento de bem-estar subjetivo obtido.

Procurando o efeito, não de eventos importantes, mas isolados e de eventos de menor importância, mas de maior frequência, D. Mochon e seus coaboradores pesquisaram certo número de pessoas pertencentes a várias religiões que frequentavam regularmente serviços de suas

---

4   Cf. E. Diener et al., Beyond Hedonic Treadmill, *American Psychologist Association*, v. 61, n. 4.

5   Cf. A.E. Clark et al., *Unemployment Alters the Set Point for Life Satsfaction*.

respectivas crenças. Essas pessoas exibiram frequentes aumentos de seu bem-estar subjetivo, proporcionais ao número de vezes que frequentavam os respectivos templos de orações. Num segundo estudo, o mesmo grupo pesquisou pessoas que praticavam exercícios físicos com regularidade e, também nesse caso, foram observados aumentos cumulativos e permanentes do bem-estar subjetivo[6].

Todavia, o pessimismo em relação a uma alteração do bem-estar subjetivo e da felicidade está também baseado em alguns pressupostos sobre a natureza do bem-estar subjetivo psicológico: a noção da determinação genética do *set point* da felicidade; o conceito de ADAPTAÇÃO HEDÔNICA e que os traços de caráter implicam numa estabilidade longitudinal. Tudo isso faz com que, embora uma pessoa possa usufruir de um aumento de bem-estar subjetivo em curto prazo, ela retorne ao nível básico em longo prazo.

Em contrapartida, Sheldon e Lyubomirsky mencionam alguns exemplos de pesquisas que mostram a possibilidade de se aumentar o bem-estar subjetivo quando se induz as pessoas a perseguirem objetivos pessoais significativos e a perdoarem alguns atos inconvenientes ou ofensas feitas por outros[7].

Para os procedimentos capazes de estimular um aumento sensível de bem-estar subjetivo, tais autores aconselham fazer uma distinção entre as circunstâncias da vida e as atividades intencionais. As pessoas se adaptam facilmente às circunstâncias justamente porque são fixas e estáveis. As atividades intencionais se referem a esforços e engajamentos voluntários dos indivíduos. Essas práticas podem ser cognitivas ou comportamentais. Pelo seu caráter voluntário, as atividades intencionais são mais resistentes à adaptação do que as circunstâncias e, portanto, têm mais potencial para criar um aumento sustentável do bem-estar subjetivo.

Lyubomirsky, Trach e Yelverton conduziram intervenções com a finalidade de provocar um aumento sustentável de felicidade em estudantes de universidade. Os estudantes eram estimulados a praticar atos de bondade e demonstrar gratidão. Os atos, porém, deveriam ser escolhidos de acordo com as inclinações e valores da pessoa. A própria

---

6   Getting Off the Hedonic Treadmill, One Step at a Time: The Impact of Regular Religious Practice and Exercise on Well-Being, *Journal of Economic Psychology*, v. 29.

7   Cf. K.M. Sheldon; S. Lyubomirsky, Achieving Sustainable New Happiness Prospects, Practices and Prescriptions, em A. Linley; S. Joseph (eds.), *Positive Psychology in Practice*.

atividade demanda dois tipos de esforço: um para iniciá-la e outro para mantê-la, o que demanda certa força de vontade[8].

As recomendações para os que almejam aumentar de forma sustentável sua felicidade são: achar novas atividades de acordo com seus valores e interesses; fugir da monotonia de seu exercício. As pessoas também devem evitar basear sua felicidade em novas circunstâncias como adquirir objetos, mudança de endereço etc. Em suma, devemos procurar a felicidade menos em valores hedonistas e mais em atitudes e valores eudaimonistas.

Os valores e atitudes hedonistas gerados por nossas modernas sociedades de consumo e geralmente adotados por muitas pessoas para aumentar seu bem-estar subjetivo parecem conduzi-las em direção contrária, isto é, à arapuca da ESTEIRA ROLANTE HEDÔNICA. É o que ocorre com a obsolescência planejada dos bens de consumo duráveis, a moda e a obsessão pelo objeto "novo" sem que isso, em muitos casos, apresente qualquer inovação técnica ou estética válidas, mas seja apenas sinal de *status* social. No caso, o consumo desnecessário de bens parece ter se transformado na mais importante fonte de bem-estar subjetivo. Nessa sociedade, as pessoas buscam muito mais a felicidade na hedonia do que na eudaimonia (ver HEDONIA E EUDAIMONIA). A arapuca hedônica mencionada certamente causa frustração e insatisfação permanentes. Tudo isso nos indica que a busca por uma felicidade durável não é um exercício fútil. O sucesso da busca depende de esforços na direção correta.

---

8   Cf. S. Lyubomirsky et al., Pursuing Sustained Happiness through Random Acts of Kindness and Counting One's Blessings: Tests of Two Six-Week Interventions.

Eudaimonia

Ver HEDONIA E EUDAIMONIA.

Felicidade:
Conceitos, Definições e Avaliações

A Introdução deste livro apresenta alguns conceitos de felicidade, o histórico de estudos e a explicação de por que a expressão "bem-estar subjetivo (BES)" é empregada no lugar de "felicidade". O conceito de BEM-ESTAR SUBJETIVO (BES) está diretamente relacionado com numerosos outros conceitos, como: satisfação com a vida; satisfação por domínio (renda, família, trabalho, amigos etc.); afetos positivos e negativos; bem-estar subjetivo emocional; bem-estar subjetivo hedônico; qualidade percebida de vida; felicidade; bem-estar subjetivo psicológico; felicidade psicológica; eudaimonia; felicidade autêntica; florescimento; felicidade prudente; felicidade perfeccionista; boa vida etc. Os significados dessa "família" de termos podem ser, segundo Sirgy, capturados por três conceitos (constructos) principais: felicidade psicológica, felicidade prudente e felicidade perfeccionista[1].

[1] Cf. M.J. Sirgy, *The Psychology of Quality of Life*.

- *felicidade psicológica* – captura o aspecto afetivo do bem-estar subjetivo, ou seja, o bem-estar subjetivo hedônico, o bem-estar subjetivo emocional e os afetos positivos e negativos;
- *felicidade prudente* – incorpora conceitos como satisfação com a vida, percepção da qualidade de vida, satisfação por domínio e bem-estar subjetivo;
- *felicidade perfeccionista* – captura conceitos relacionados a eudaimonia, florescimento, saúde mental positiva, bem-estar subjetivo psicológico e desenvolvimento pessoal.

O BES é aferido com base no princípio de que apenas a pessoa investigada pode fornecer a informação sobre suas emoções, avaliar a satisfação com a própria vida e funcionamento psicológico – isto é, o que é aferido e o que interessa à pesquisa consiste no que a pessoa sente, percebe ou pensa sobre si mesma.

Definições e diretrizes da OCDE para medir o bem-estar subjetivo

A Organização Para a Cooperação e Desenvolvimento Econômico (OCDE) preparou um alentado manual sobre o estado da arte da metodologia e procedimentos para medir o BES: trata-se do *Guidelines on Measuring Subjective Well-Being*. O instrumento para o autorrelato individual do BES é composto de três dimensões:

1. *Afetos* (positivos e negativos): os sentimentos da pessoa sobre seus estados emocionais, medidos geralmente com referência a um particular instante de tempo. É uma dimensão emocional e independe do fator cognitivo. Sua medição pode ser feita com instrumentos como o método da reconstrução do dia[2].
2. *Satisfação com a vida*: uma questão de natureza cognitiva, porque demanda reflexão e comparação entre a satisfação com a vida atual e a vida idealizada como ótima.
3. *Eudaimomia*: além da dimensão afetiva (os afetos) e da dimensão cognitiva (satisfação com a vida) que refletem as experiências

---

2 Cf. D. Kahneman, Objective Well-Being, em D. Kahneman et al. (eds.), *Well-Being: The Foundations of Hedonic Psychology*.

presentes e passadas, algumas definições do bem-estar subjetivo incluem um aspecto ou dimensão psicológica que se refere a um tipo de bem-estar subjetivo às vezes chamado de FLORESCIMENTO ou de eudaimonia (ver HEDONIA E EUDAIMONIA). Se a hedonia pode ser aferida através dos afetos, e a avaliação da vida, através de um esforço cognitivo, quando comparamos nossa atual satisfação pela vida com um modelo de vida idealizado como "ótimo", como já foi mencionado, a eudaimonia vai além dessas dimensões – inclui também as relações positivas com as pessoas, a autonomia, o crescimento pessoal[3] e demanda um sentido e uma finalidade para a vida que transcendem a própria pessoa.

A OCDE preparou quatro módulos com as questões que devem ser respondidas pelos participantes das enquetes destinadas a medir a felicidade, ou bem-estar subjetivo.

Módulo A: medidas nucleares com um número mínimo de parâmetros do bem-estar subjetivo, que incluem a satisfação com a vida, os afetos e um aspecto do bem-estar subjetivo eudaimônico. São aferições cuja validade e comparabilidade internacional foram verificadas.

Módulo A – Questões nucleares

A questão A1 pergunta o quão satisfeito(a) você se sente com a vida numa escala de 0 a 10. A resposta zero significa "nada satisfeito(a)" e 10 significa "completamente satisfeito".

A1. Em geral, o quanto você está satisfeito com sua vida atualmente?

A questão seguinte, A2, pergunta o quanto vale a pena as coisas que você faz na sua vida numa escala de 0 a 10, em que zero significa que as coisas que você faz "absolutamente não valem a pena" e 10 significa "valem totalmente a pena".

A2. No geral, em que extensão você sente que as coisas que faz na vida valem a pena?

As questões seguintes, A3, A4 e A5, perguntam como você se sentiu ontem numa escala de 0 a 10, em que zero significa que absolutamente em nenhum momento você experimentou o sentimento ontem e 10 significa que teve o sentimento o tempo todo.

A3. Feliz?
A4. Preocupado?
A5. Deprimido?

O tempo para o preenchimento do questionário é de 90 segundos.

---

[3] Cf. C.D. Ryff, Happiness Is Everything or Is It? Explorations on the Meaning of Psychological Well-Being, *Journal of Personality and Social Psychology*, v. 57, n. 6.

Escalas de avaliação da satisfação com a vida

A satisfação com a vida pode ser aferida de modo global ou decomposta em avaliações parciais, por domínios: família, saúde, negócios, amigos etc. Um dos principais instrumentos utilizados para essa aferição é o Personal Wellbeing Index (Índice de Bem-Estar Pessoal), desenvolvido por Robert A. Cummins, Richard Eckersley, Julie Pallant, Jackie van Vugt e RoseAnne Misajon[4], com o intuito de abordar o âmbito da qualidade de vida em diferentes grupos populacionais. Consiste de oito questões sobre seis domínios da vida. Esses domínios são satisfação no trabalho, nas finanças, na família, com a saúde, no lazer e com o ambiente. Os valores de cada um deles são somados para se obter um valor médio geral.

Outro modo de aferir o mesmo construto é a escala de satisfação com a vida criada por Diener, Emmons, Larsen e Griffin[5]. A satisfação com a vida foi descrita por Diener, Horwitz e Emmons[6] no seu conjunto; o indivíduo que responde integra e pondera de um modo pessoal sua satisfação com a saúde, as finanças, o trabalho etc. Essa escala, em geral, oferece um bom grau de validade.

Questionário

Abaixo estão cinco afirmações acerca das quais você deve manifestar seu acordo ou desacordo. Utilizando uma escala de 1 a 7, indique sua posição em relação a cada uma das afirmações, colocando o número apropriado na linha que precede o item. Seja franco e honesto em suas respostas.

1. Forte desacordo
2. Desacordo
3. Fraco desacordo
4. Nem acordo nem desacordo
5. Acordo fraco
6. Acordo
7. Acordo forte

[   ] Quase sempre a minha vida está próxima do meu ideal.
[   ] As condições de minha vida são excelentes.
[   ] Estou satisfeito com minha vida.
[   ] Até agora tenho obtido as coisas importantes que quero da vida.
[   ] Se eu pudesse viver minha vida de novo eu não mudaria quase nada.

---

4   R.A. Cummins et al., Developing a National Index of Subjective Wellbeing: The Australian Unity Wellbeing Index. *Social Indicators Research*, v. 64, n. 2, p. 159-190.
5   Cf. E. Diener et al., The Satisfaction with Life Scale, *Journal of Personality Assessment*, v. 49.
6   Cf. E. Diener et al., Happiness of the Very Wealthy, *Social Indicators Research*, v. 16.

O menor resultado possível é zero, e o maior, 35, em que zero significa o maior desgosto possível com a vida, e 35, a maior satisfação possível.

INTERPRETAÇÃO DOS RESULTADOS

30-35 Resultado mais alto: satisfação extrema

Neste resultado, as pessoas gostam de suas vidas e sentem que as coisas vão bem. Para a maior parte das pessoas com este resultado, a vida é desfrutável e a maior parte dos domínios como trabalho, escola, família, amigos, lazer e o desenvolvimento pessoal são altamente satisfatórios.

25-30 Resultado alto

As pessoas gostam de suas vidas e sentem que as coisas vão relativamente bem, apesar de não serem perfeitas. Justamente porque as pessoas estão satisfeitas, isso não significa que são complacentes. Em verdade, o crescimento e os desafios fazem parte de sua satisfação. Para a maior parte das pessoas com este resultado, a vida é desfrutável e, em grande parte dos domínios, satisfatória. A pessoa pode se motivar nas áreas carentes de satisfação.

20-24 Resultado médio

A maioria das pessoas nos países economicamente desenvolvidos manifesta uma satisfação média com a vida, mas em algumas áreas gostaria de obter alguma melhoria. Algumas pessoas com este resultado estão bastante satisfeitas com boa parte dos domínios de suas vidas, mas necessitam de alguma melhora em cada área. Outras pessoas estão neste segmento porque estão satisfeitas com a maior parte dos domínios de suas vidas, mas têm duas ou três áreas onde gostariam de ter uma grande melhora. A pessoa neste segmento usualmente gostaria de se mover para um nível mais alto, fazendo algumas mudanças em sua vida.

15-19 Pouco inferior à média

As pessoas neste segmento usualmente têm problemas pequenos, mas significativos, em várias áreas de suas vidas. Ou têm várias áreas que estão indo muito bem e uma área que representa um problema substancial. Se a pessoa chegou a este resultado temporariamente, provinda de um mais alto, por causa de um evento recente, as coisas provavelmente melhorarão com o tempo e ela voltará ao nível anterior. Se, de outro lado, a pessoa tem este resultado cronicamente, algumas mudanças serão necessárias. Às vezes, a pessoa está simplesmente esperando muito. Embora a insatisfação temporária seja comum e normal, um nível crônico de insatisfação em vários domínios da vida demanda reflexão. Muitas pessoas tiram motivação de um pequeno grau de insatisfação, mas frequentemente a insatisfação em vários dos domínios da vida é desagradável.

10-14 Insatisfação

Pessoas neste segmento estão substancialmente insatisfeitas com as suas vidas. Podem acusar certo número de domínios que não estão indo bem ou um ou dois que estão indo muito mal. Se a insatisfação com a vida é resposta a um evento recente, como luto, divórcio ou problema significativo no trabalho, depois de certo tempo a pessoa voltará ao nível anterior, de satisfação mais alta, como já mencionado. No entanto, para quem o nível baixo de satisfação com a vida tem sido crônico, serão

DICIONÁRIO INCOMPLETO DA FELICIDADE

necessárias algumas mudanças tanto em atitudes como em padrão de pensamento e também em atividades. Conversar com um amigo, um conselheiro ou um especialista pode ajudar a pessoa a se mover na direção certa.

5-9 Insatisfação extrema

Os indivíduos neste segmento são usualmente infelizes com suas vidas. Em alguns casos, isso é uma reação a um evento recente penoso, como viuvez ou desemprego. Em outros, é a resposta a um problema crônico como o alcoolismo ou vício com drogas. De todo jeito, a insatisfação neste nível ocorre em múltiplos domínios da vida. Qualquer que seja a razão para o baixo nível de satisfação, pode ser necessária a ajuda de outras pessoas: amigos, familiares, psicólogo etc. Se a insatisfação for crônica, a pessoa necessita mudar em alguns aspectos e frequentemente outras pessoas podem ajudar.

OBSERVAÇÕES

Este procedimento acessa a satisfação com a vida no seu conjunto, em que o indivíduo que responde integra e pondera de um modo pessoal a satisfação em diversos domínios. Esta escala tem validade em relação a procedimentos semelhantes e é estável temporalmente. É também recomendável como complementar às escalas que focam na psicopatologia ou no bem-estar subjetivo emocional porque acessa a avaliação consciente do indivíduo em relação à sua vida usando seus próprios critérios[7].

Em várias pesquisas de caráter internacional, como as realizadas pelo Instituto Gallup, e nas normas instituídas pela OCDE para medir a felicidade das populações, os pesquisadores substituíram o termo "felicidade" por "bem-estar subjetivo". A razão principal dessa substituição decorre de o termo "bem-estar subjetivo", de alta correlação positiva com o termo "Felicidade", ser menos conotado. Em suma, quando se pergunta a uma pessoa sobre o seu bem-estar subjetivo (numa escala de 1 a 10, por exemplo), tem-se uma resposta mais imediata do que quando se pergunta sobre sua felicidade.

Definições de Diener e colaboradores

Bem-estar subjetivo (BES, ou *Subjective Well-Being*, SWB) – refere-se a vários tipos de avaliações, tanto positivas como negativas, que as pessoas fazem de suas vidas. Inclui avaliações reflexivas de natureza cognitiva, como satisfação com a vida e satisfação por domínio (trabalho,

---

7 Cf. W. Pavot; E. Diener, Review of the Satisfaction With Life Scale, *Psychological Assessment*, v. 5, n. 2.

família etc.), interesse e engajamento; inclui também reações afetivas a acontecimentos da vida como tristeza e alegria, e ainda quanto às circunstâncias nas quais vivem. Embora o bem-estar e o mal-estar sejam subjetivos, no sentido de experiência interna pessoal, suas manifestações podem ser observadas objetivamente em comportamento não verbal, ações, atenção, memória e manifestações biológicas como riso, choro, suor, tremor etc. O termo "bem-estar subjetivo" é frequentemente utilizado no lugar de "felicidade" porque evita a sugestão de que há algo arbitrário e desconhecido acerca dos conceitos envolvidos.

Afetos positivos – denotam bom humor e emoções como alegria e afeição. As emoções positivas, ou agradáveis, são parte do bem-estar subjetivo porque refletem as reações da pessoa aos eventos; indicam que sua vida está se processando de maneira desejável. As categorias mais importantes das emoções positivas, ou agradáveis, podem ser de baixa excitação (como o contentamento), as de excitação moderada (prazer) e as de forte excitação (euforia). Os afetos positivos são as reações positivas aos outros (afeição), reações positivas às atividades (interesse e engajamento) e estados de humor positivos (alegria).

Afetos negativos – incluem estados de humor e emoções desagradáveis; representam respostas negativas experimentadas como reações à vida, saúde, eventos e circunstâncias. As formas mais importantes de reações negativas, ou desagradáveis, são raiva, tristeza, ansiedade e preocupação, frustração, culpa, vergonha e inveja. Outros estados negativos, como solidão e desamparo, também podem indicar um mal-estar. Algumas emoções negativas são esperadas na vida e podem ser necessárias, funcionais, mas sua frequência prolongada pode indicar que a pessoa acredita que sua vida não está correndo bem. Experiências prolongadas de emoções negativas podem interferir com o funcionamento normal e, claro, tornam a vida desagradável.

Felicidade tem vários significados no discurso ordinário, bem como no discurso da ciência da felicidade; a felicidade pode significar um estado geral de humor positivo, uma avaliação global de satisfação com a vida, vivendo uma vida boa, ou ainda as causas que trazem a felicidade para as pessoas, que por sua vez variam com o contexto. Por essas razões, alguns pesquisadores evitam usar o termo; em alguns setores, os especialistas o usam com frequência em vista de sua importância histórica, enquanto outros estudiosos preferem utilizar termos mais específicos para diferentes aspectos do bem-estar subjetivo.

O termo "satisfação com a vida" pode ser definido como o conjunto de todas as áreas num determinado momento da vida ou um julgamento que integra toda a sua vida desde o nascimento. Nas aferições correntes, essa distinção é deixada de lado. É conveniente instruir o respondente se a questão se refere à sua vida desde o nascimento ou sobre a vida atual em todos os domínios.

Satisfação por domínios. São julgamentos que as pessoas fazem avaliando os domínios mais importantes da vida, como a saúde física e mental, trabalho, lazer, relações sociais e família. Usualmente, as pessoas indicam o quanto estão satisfeitas e o quanto gostariam de mudar em suas vidas em cada área. Também temos acesso, por aí, a aspectos específicos do bem-estar subjetivo ou mal-estar, tal como a confiança nos vizinhos e o sentimento no engajamento no trabalho até os responsáveis pelas políticas públicas.

Qualidade de vida. Geralmente se refere ao grau em que a vida de uma pessoa é desejável ou indesejável, quase sempre focando em condições externas, como meio ambiente e renda. Em contraste com o bem-estar subjetivo, que é baseado na experiência subjetiva, a qualidade de vida é expressa em atributos mais objetivos e descreve as circunstâncias de vida da pessoa, não as suas reações a essas circunstâncias. Não obstante, alguns pesquisadores definem a qualidade de vida mais amplamente para incluir também as percepções, sentimentos, pensamentos e reações a tais circunstâncias. Têm sido propostos índices que combinam medidas subjetivas e objetivas como anos de vida felizes e expectativa de vida saudável.

Felicidade:
Equivalências e Levantamentos

s estudos e pesquisas sobre a felicidade no mundo foram assim apresentados em um dos importantes relatórios anuais que embasam a área:

Muitas pessoas acreditam que a felicidade é uma escolha pessoal, algo a ser perseguido individualmente e não um assunto de política nacional. A felicidade parece demasiadamente subjetiva e vaga para ser a pedra de toque, ou medida, dos objetivos de uma nação e muito menos para ter um conteúdo político. Essa tem sido a visão tradicional. Não obstante, os fatos têm mudado rapidamente essa perspectiva.

Uma geração de estudos realizados por psicólogos, economistas, sociólogos e outros tem mostrado que a felicidade, embora seja uma experiência subjetiva, pode ser medida objetivamente, acessada e correlacionada com a observação de funções cerebrais, sinais corporais de emoções positivas, comentários de familiares ou amigos etc. Perguntar às pessoas se são felizes ou satisfeitas com suas vidas oferece importantes informações acerca da sociedade, que podem sinalizar crises subjacentes ou forças ainda não visíveis.

Tal é a ideia do emergente estudo da felicidade, seja sobre as escolhas feitas pelos indivíduos, seja sobre a relação da cidadania com a satisfação com a vida. Dois são os amplos campos de estudos sobre a medida da felicidade: os altos e baixos dos afetos diários e a avaliação da vida em geral, feita pelo indivíduo. O primeiro desses campos se refere à chamada "felicidade afetiva", ou "felicidade hedônica"; e o segundo, à "felicidade avaliativa", ou "satisfação com a vida"[1].

Um dos fundadores da psicologia positiva, Martin E.P. Seligman, distinguiu três dimensões no amplo campo de significados do termo "felicidade": a vida agradável, a vida engajada e a vida significativa[2]. A vida agradável implica em sentir frequentemente afetos ou emoções positivas, como alegria, satisfação, contentamento, orgulho, serenidade etc., e equivale à dimensão da felicidade hedônica (ver HEDONIA E EUDAIMONIA). Um dos métodos para aferir a vida agradável, ou a felicidade hedônica, é o chamado método da reconstrução do dia, descrito no verbete AFETOS POSITIVOS E AFETOS NEGATIVOS.

As três dimensões mencionadas por Seligman recebem diferentes nomes por outros autores.

SELIGMAN	Haybron[3]	Phillips[4]	Diener[5]	Kahneman[6]
VIDA AGRADÁVEL	Felicidade psicológica	Hedônica	·	Bem-estar
VIDA ENGAJADA	Felicidade prudente	Eudaimônica	Satisfação com a vida (por domínio) Fluxo (*Flow*)	
VIDA SIGNIFICATIVA	Felicidade perfeccionista			

É provável que, com o avanço da ciência da felicidade, a diversidade da nomenclatura para designar constructos com conteúdos semelhantes, como mostrados no quadro acima, se reduza. Esse

1   Cf. J. Helliwell et al. (eds.), *World Happiness Report 2013*.
2   Cf. *Authentic Happiness: Using the New Positive Psychology to Realize your Potential for Lasting Fulfillment*.
3   Cf. D.M. Haybron, Two Philosophical Problems in the Study of Happiness, *Journal of Happiness Studies*, v. 1.
4   Cf. D. Phillips, *Quality of Life: Concept, Policy and Practice*.
5   Cf. E. Diener, Subjective Well-Being, *Psychological Bulletin*, v. 95.
6   Cf. D. Kahneman, Objective Happiness, em D. Kahneman et al. (eds.), *Well-Being: The Foundations of Hedonic Psychology*.

procedimento tem sido documentado pela história das ciências, porque a unificação dos conceitos facilita a comunicação entre os pesquisadores nos procedimentos usuais e mútuos de ratificação ou refutação das hipóteses e teorias propostas.

Na atualidade, como vimos, os processos de aferição por autorrelatos são correlatos a diferentes nomenclaturas. As dimensões de felicidade geralmente aceitas pelos pesquisadores da ciência da felicidade são utilizadas pelas pesquisas e por levantamentos empíricos sobre o tema, como veremos abaixo.

A satisfação com a vida

Um desses levantamentos é realizado pelo Eurobarometer, feito duas vezes por ano desde 1973, hoje em vigor em todos os países da União Europeia (UE). A pergunta sobre a satisfação com a vida é assim formulada:

No conjunto você está:
      a) muito satisfeito com a vida que leva;
      b) razoavelmente satisfeito;
      c) não muito satisfeito;
      d) nada satisfeito com a vida que leva.

As pesquisas realizadas pela The British Household Panel Survey[7] começaram em 1991, com cinco mil lares e 10.300 pessoas no Reino Unido. A pergunta sobre a *satisfação com a vida* compreendia dois itens: "1. O quanto você está satisfeito com sua vida?" A resposta devia ser dada numa escala de sete pontos, variando de "Nada satisfeito" até "Completamente satisfeito". O segundo item era: "Você diria que em relação ao ano passado você está 'Mais satisfeito', 'Menos satisfeito', 'O mesmo'?"

Entre várias outras instituições que realizam enquetes a nível nacional e internacional estão[8] a Canadian General Social Survey (com até 25 mil entrevistas por telefone); The European Social Values Survey (amostras de 24 mil indivíduos em vinte países europeus) e The

---

7   Cf. P. Dolan et al., Do We Realy Know What Makes Us Happy? A Review of the Economic Literature Associated With Subjective Well Being, *Journal of Economic Psychology*, v. 29.

8   Cf. M.J. Sirgy, *The Psychology of Quality of Life.*

German Socio-Economical Panel Survey (amostras com 24 mil pessoas). Enfim, cerca de duas dezenas de pesquisas, em vários continentes e de âmbito nacional, utilizam a mesma pergunta, com pequenas variantes, para pesquisar a satisfação com a vida.

Ao contrário da questão sobre os afetos positivos e negativos, essa pergunta tem uma resposta de natureza cognitiva, que requer a utilização da memória e uma comparação mental com uma vida ideal imaginada plenamente satisfatória. Além das eventuais imperfeições da memória, a aferição da satisfação com a vida tem sido também criticada por ser obtida por uma resposta sujeita à influência de: estados afetivos momentâneos, formatos dos questionários (com ou sem escalas), baixo índice de confiabilidade (0,40 a 0,60 em teste e reteste com uma hora de diferença). Vários autores, no entanto, argumentam que essas críticas não são totalmente justificadas[9].

Com a intenção de unificar os questionários das pesquisas de autorrelatos sobre a felicidade comparáveis internacionalmente, a OCDE publicou em 2013 um guia com diretrizes específicas para essa finalidade. O questionário nele proposto contém seis módulos.

O módulo A, denominado módulo nuclear, é constituído por um conjunto mínimo de perguntas para aferir a avaliação da vida e os afetos.

Módulo A

As questões que seguem perguntam o quanto satisfeito você se sente, numa escala em que zero significa "nada satisfeito", e 10, "completamente satisfeito".

A1 Em geral, o quanto você está satisfeito(a) com a vida atualmente?

A questão seguinte pergunta como você sente que as coisas que você faz atualmente na sua vida valem a pena serem feitas, numa escala de 0 a 10.

A2 Em geral, em que extensão você sente que as coisas que você faz na sua vida valem a pena?

As questões que seguem perguntam como você se sentiu ontem numa escala de 0 a 10. Zero significa que você em "nenhum momento experimentou o sentimento referido" e 10 significa que você experimentou o sentimento referido "o tempo todo".

A3 Feliz
A4 Preocupado
A5 Deprimido

---

9   Cf. R. Veenhoven, Question of Happiness: Classical Topics, Modern Answers, and Blind Spots, em F. Strack et al. (eds.), *Subjective Well-Being: An Interdisciplinary Perspective*.

O módulo B, "Avaliação da vida", contém questões sobre como os julgamentos cognitivos do respondente que avaliam sua própria vida são complementares às medidas primárias do módulo A.

O objetivo do módulo C, "Afetos", é coletar informação sobre afetos recentes, positivos e negativos, que permitem capturar aspectos diferenciados do bem-estar subjetivo que não são refletidos nos julgamentos avaliativos.

O módulo D contém questões para descrever alguns aspectos eudaimônicos do bem-estar subjetivo.

O módulo E, "Avaliação por domínios", permite coletar julgamentos avaliativos parciais (satisfação com a vida) em vários domínios: saúde, vida familiar, renda, relações pessoais, segurança etc.

O módulo F focaliza questões relativas ao uso do tempo. Captura informações sobre emoções positivas e negativas relativas a atividades específicas: trabalho, convívio com amigos, prática de esportes, namoro, jogo de xadrez etc.

Contudo a CONFIABILIDADE E VALIDADE dos resultados dos autorrelatos sobre o bem-estar subjetivo podem estar sujeitas a vieses de natureza variada, por exemplo, os dos próprios respondentes. O *Guidelines on Measurement Subjective Well-Being* da OCDE menciona outros vieses:

- aquiescência: tendência a concordar sempre com o item, não importando seu conteúdo;
- contradição: tendência a discordar sempre com o item, não importando seu conteúdo;
- respostas extremas: tendência a dar repostas nas extremidades da escala;
- respostas médias: tendência a dar respostas no meio da escala;
- sem opinião: tendência a escolher respostas mais neutras, nem sim, nem não;
- respostas ao acaso: tendência a responder aleatoriamente;
- preferência por dígitos: em escalas digitais, preferência por certos dígitos;
- efeitos de preferência: numa lista, há tendência a escolher os primeiros dígitos;
- tendências recentes: numa sequência, há tendência a escolher os últimos números apresentados;

- respostas socialmente desejáveis: tendência a escolher respostas mais aceitas pelas normas sociais;
- características da demanda: por sinais sutis a pessoa responde da forma como acredita que irá agradar aos pesquisadores;
- consistência: tendência do respondente em mostrar consistência entre suas respostas;
- efeitos de preferência: quando a ordem das perguntas facilita a escolha das perguntas mais fáceis de serem respondidas.

O campo de estudos e práticas da medida da felicidade continua em plena expansão, com dezenas de enquetes nacionais e internacionais realizadas por agências privadas e governamentais, abrangendo amostras de dezenas de milhares de respondentes em dezenas de países em todos os continentes. Os estudos para aperfeiçoamento das pesquisas, correção dos erros e vieses continuam florescendo, uma vez que a demanda de dados confiáveis para a implantação de POLÍTICAS PÚBLICAS por parte dos governos continua em ascensão.

Felicidade Interna Bruta

*O PIB mede tudo, menos aquilo
que faz a vida valer a pena.*

 frase acima de Robert F. Kennedy, procurador-geral e senador norte-americano, conclui a seguinte consideração:

Intensamente e durante muito tempo nós parecemos ter subordinado a excelência da comunidade aos valores da mera acumulação dos bens materiais. [...] O PIB inclui a poluição do ar, a fabricação de cigarros, as ambulâncias para limpar nossas estradas dos acidentes. O PIB contabiliza as fechaduras para nossas portas e para as celas das pessoas que as arrombam. Conta a poluição de nossos lagos e rios, e cresce com a produção de mísseis e armas de guerra. O PIB inclui tudo isso, mas há muitas coisas que não inclui, como a saúde de nossas famílias, a qualidade de sua educação e a alegria de seus divertimentos. O PIB é indiferente à decência de nossas fábricas, e à segurança de nossas ruas. Também não inclui a beleza de nossa poesia e a força de nossos casamentos, nem a inteligência de nossos debates públicos e a integridade de nossos funcionários públicos. O PIB não mede nosso humor nem nossa coragem, ou nosso aprendizado, nem nossa compaixão ou

> devoção por nosso país. Em suma, mede tudo, menos aquilo que faz a vida valer a pena.[1]

Butão é um pequeno país com pouco mais de 800 mil habitantes e área menor que a do Estado do Rio de Janeiro, isto é, o Butão tem 38.394 quilômetros quadrados. Fica espremido entre os dois países mais populosos do planeta, a China e a Índia, ambos com mais de 1 bilhão de habitantes. Entre outras particularidades, o Butão adota, desde 1970, um indicador do andamento de sua economia e prosperidade que é diferente do indicador internacional adotado pela maioria dos países. No lugar do PIB, ou Produto Interno Bruto, o Butão adota o FIB, para a Felicidade Interna Bruta.

O andamento do PIB, sabemos, é um dos termômetros tanto da economia como também da estabilidade política dos governos de diversos países. O movimento ascendente e supostamente sustentável do seu PIB torna a China a campeã mundial, com crescimento mantido durante vários anos de cerca de 10% ao ano[2]. O Brasil, amargando uma queda de cerca de mais de 3% do PIB em 2015, ficou com sua economia em crise e sua presidente sujeita à deposição. Vale a pena, portanto, dar uma olhada no Butão e no seu GNH, o *gross national happiness*, ou índice de **felicidade interna bruta** (FIB)

O FIB pretende medir a qualidade de vida de uma maneira mais holística do que o PIB, e baseia-se na consideração de que o desenvolvimento benéfico da sociedade ocorre quando o desenvolvimento material e o espiritual andam lado a lado, se complementam e se reforçam mutuamente. O FIB inclui a harmonia com a natureza e a preocupação com o sofrimento da população. A felicidade se torna, nesse ideário, uma questão mais social do que apenas individual. Nesse contexto, o próprio significado da palavra "felicidade" é bastante diverso do que apresenta na sociedade de consumo (ver SOCIEDADE DE CONSUMO).

---

1   Discurso pronunciado por Robert F. Kennedy em 18 de março de 1968, na Universidade do Kansas. Texto e áudio disponíveis na Biblioteca JFK, disponível em: <https://www.jfklibrary.org/>.

2   O ritmo de 10% de crescimento do PIB chinês teve de ser reduzido a partir de 2014, devido a vários fatores, para cerca de 6% ou 7%. Mesmo assim, a China é o país com maior crescimento do PIB no grupo dos vinte países mais desenvolvidos.

Princípios fundamentais e objetivos do GNH

O GNH pode ser descrito como holístico porque reconhece todos os aspectos das necessidades das pessoas, sejam espirituais ou materiais, sejam físicos ou sociais. Tem como objetivos ser:

- balanceado (ou equilibrado), porque ressalta o progresso balanceado (ou equilibrado) em direção aos objetivos principais do GNH;
- coletivo, uma vez que interpreta a felicidade como um fenômeno coletivo abrangente;
- sustentável, porque tem por finalidade o bem-estar subjetivo tanto para a presente geração como para as futuras;
- equânime, porque seu objetivo é atingir um nível geral e razoável de bem-estar subjetivo.

Afinal, conforme a análise extensiva do GNH Index:

> De início é vital esclarecer que o GNH no Butão tem um significado distinto daquele que lhe atribui a literatura ocidental sobre a "felicidade". Isso ocorre de duas maneiras. Em primeiro lugar, o GNH é multidimensional, pois não é focado exclusivamente no bem-estar subjetivo com a exclusão de outras dimensões. Em segundo lugar, ele internaliza a responsabilidade em relação à motivação[3].

O GNH é dividido em nove domínios que, por sua vez, compreendem 33 indicadores:

DOMÍNIOS	INDICADORES
1. Bem-estar subjetivo psicológico	1.1. Satisfação com a vida; 1.2. Emoções positivas; 1.3. Emoções negativas; 1.4. Espiritualidade.
2. Saúde	2.1. Saúde mental; 2.2. Autorrelato da saúde; 2.3. Dias saudáveis; 2.4. Incapacidades.

---

3   K. Ura et al., *An Extensive Analysis of GNH Index*, p. 7.

3. Educação	3.1. Alfabetização; 3.2. Nível educacional; 3.3. Conhecimento; 3.4. Valores.
4. Diversidade cultural e resiliência	4.1. Língua nativa; 4.2. Participação cultural; 4.3. Habilidades artesanais; 4.4. Conduta.
5. Uso do tempo	5.1. Trabalho; 5.2. Sono.
6. Boa governança	6.1. Desempenho do governo; 6.2. Direitos fundamentais; 6.3. Serviços; 6.4. Participação política.
7. Vitalidade comunitária	7.1. Doações (tempo e dinheiro); 7.2. Relações comunitárias; 7.3. Família; 7.4. Segurança.
8. Diversidade ecológica e resiliência	8.1. Assuntos ecológicos; 8.2. Responsabilidade sobre o ambiente; 8.3. Danos de animais (rural); 8.4. Temas de urbanização.
9. Nível de vida	9.1. Bens; 9.2. Moradia; 9.3. Renda familiar.

Um primeiro corte nos resultados do censo ocorreu na população que tem o mínimo, ou seja, o suficiente a mais para sair da pobreza. O segundo corte cria um "gradiente da felicidade", isto é, categoriza a população em quatro níveis. Os dados provieram do censo nacional de 2010, onde foram representados os distritos e as regiões do país. De acordo com o referido censo, 8,3% da população é "profundamente feliz", 32,6% é extensivamente feliz, 48,7% limitadamente feliz e 10,4% infeliz.

As opiniões favoráveis ao GNH não são unânimes. A divisão adquire um matiz político no âmbito interno do país. O primeiro-ministro do Butão, Jigmi Y. Thinley, eleito sob a nova constituição de 2008, assim se exprimiu em sua fala inicial de 2009:

> Nós agora distinguimos claramente a "felicidade" no GNH do sentimento simplesmente prazeroso de "sentir-se bem" comumente associado a esse termo. Sabemos agora que a felicidade não pode existir enquanto os outros sofrem e apenas ocorre quando servimos os outros, vivemos em harmonia com a natureza, com a nossa sabedoria inata e com a verdadeira e brilhante natureza de nossas mentes.

Na proposta do governo do Butão, a utilidade do GNH seria no sentido de: colocar um quadro de referência alternativo para o desenvolvimento; prover indicadores setoriais para orientar o desenvolvimento; alocar recursos de acordo com os objetivos e as informações fornecidas pelo GNH; medir a felicidade das pessoas e seu bem-estar subjetivo; aferir periodicamente o andamento e o progresso em direção aos objetivos propostos; comparar o progresso nas diversas regiões do país.

Segundo os autores do relatório, o GNH se distingue da perspectiva ocidental sobre o bem-estar subjetivo (BES):

> O índice GNH, tanto quanto a filosofia que o motiva, é parecido a um experimento vivo para trazer mais colorido e textura à vida das pessoas do que a medida padrão do PIB *per capita*. Ele reflete o fato de que a felicidade é algo profundamente pessoal e as pessoas raramente concordam com uma definição padrão. De fato, a felicidade tem muitas faces, como mostra a enquete do GNH. Aqui as histórias de algumas pessoas felizes cujas experiências do GNH foram capturadas no censo de 2010 e que foram classificadas como felizes pelo index do GNH.[4]

A primeira inserção do GNH ocorreu em 1972, quando o rei do Butão introduziu um índice de *gross national happiness* (GNH), ou Felicidade Interna Bruta (FIB), e seus quatro princípios fundamentais numa conferência internacional.

Em 2005, o presidente do Instituto Internacional de Administração, Med Jones, propôs uma segunda geração do GNH, o GNH 2, também

---

4   Ibidem, p. 63.

conhecido como GNW, o Gross National Well-Being, o bem-estar subjetivo Bruto Nacional. Desde então, foram realizadas várias conferências internacionais sobre a temática GNH, e vários países resolveram adotar, parcial ou globalmente, os seus princípios.

Não obstante, os grandes progressos na qualidade de vida em geral e na saúde em particular registrados no Butão desde os primeiros anos da aplicação dos principais princípios do GNH na economia e administração governamental desse país, apesar do grande interesse e apoio dos especialistas de vários países, o conteúdo e a aplicação do GNH tem sido objeto de algumas críticas domésticas.

Uma das críticas é que o foco do interesse no Butão baseado na aplicação do GNH tem desviado a atenção internacional sobre a discriminação negativa de algumas minorias étnicas[5]. Críticas "internas" ao próprio conteúdo e aplicação do GNH também foram formuladas. Como o GNH tem como um dos princípios de seu ideário evitar o consumismo exagerado e as suas consequências negativas para um bem-estar subjetivo sustentável, a crítica ao índice aponta a necessidade de se manter o crescimento constante do bem-estar subjetivo através do crescimento econômico. Esse princípio, que constitui praticamente um axioma das modernas sociedades industrializadas, terá de ser abandonado diante do princípio do Desenvolvimento sem Crescimento – inevitável diante das mudanças climáticas e suas consequências, devido ao aquecimento global.

O futuro de nossas sociedades possivelmente dependerá de que a própria sobrevivência seja fundamentada em princípios e valores semelhantes aos quatro princípios do GNH mencionados acima.

---

5   Notadamente, a supressão da minoria hindu lhotshampa, que chegou a constituir um sexto da população do Butão. A minoria dos nepaleses também tem sofrido discriminação étnica.

Felicidade nos Diversos Países

 verbete FELICIDADE: CONCEITOS E MEDIDAS apresenta as medidas de felicidade empregadas atualmente em vários países, em enquetes de âmbito nacional e internacional, como a Gallup World Poll (GWP). Discute se essas medidas podem ou não fornecer informações válidas sobre o bem-estar subjetivo, as quais, por sua vez, podem ser usadas para orientar a formulação de POLÍTICAS PÚBLICAS a fim de incrementar a felicidade e o bem-estar subjetivo da população. Considera ainda as questões da CONFIABILIDADE E VALIDADE das medidas de bem-estar e se existe um *set point* do bem-estar. O argumento é que a coleta regular e em grande escala de dados sobre a felicidade e bem-estar subjetivo vai permitir a análise dos impactos das políticas de bem-estar, bem como contribuir para melhorar a formulação de políticas macroeconômicas, além de informar a prestação de serviços.

A comparação da felicidade entre os países demanda que sejam feitos questionários em formato comparável. Além disso, os constructos felicidade e bem-estar subjetivo têm boa correlação positiva, de modo que em certos casos podem ser intercambiáveis. O conceito de bem-estar subjetivo é preferido nos questionários porque permite aferir melhor e com respostas mais rápidas dados sobre como as pessoas avaliam a qualidade de suas vidas. A palavra "felicidade" é usada porque, de maneira geral, atrai a atenção do leitor mais rapidamente do que "bem-estar subjetivo".

Os relatórios[1] dos quais extraímos as informações constantes neste verbete distinguem três tipos de medidas: a cognitiva, que afere a SATISFAÇÃO COM A VIDA; a medida afetiva, ou emocional, que afere independentemente OS AFETOS POSITIVOS E NEGATIVOS; e um terceiro tipo de medida que avalia a dimensão da eudaimonia. Os dados apresentados foram extraídos de quatro fontes[2] e os questionários são os utilizados pela enquete Gallup World Poll.

Nos procedimentos do Gallup foram utilizadas amostras significativas das populações estudadas, compostas de mil respondentes com mais de 15 anos de idade em mais de 150 países. Os questionários utilizaram uma escala de onze pontos (de 0 a 10) para avaliar a qualidade de vida, onde zero equivale à pior vida possível, e 10, à melhor vida possível.

Os gráficos 1.1 e 1.2 reúnem dados de todas as pesquisas mundiais da Gallup, de 2005 até meados de 2011. As figuras têm onze colunas, uma para cada resposta possível; a altura de cada coluna é expressa em porcentagens de pessoas no mundo (particularmente, na América do Norte, Europa e América Latina) que dão aquele grau de avaliação de sua vida. Por exemplo, na classificação mundial, 9,5% das pessoas avaliam sua felicidade em grau 3, numa escala de 0 a 10. Devido ao grande número de países envolvidos, as figuras proporcionam uma medida ampla do nível e distribuição da felicidade mundial na segunda metade da primeira década do século XXI.

Os dados mostram que em todos os países há avaliações da vida que cobrem todo o espectro da escala, de 0 a 10, dependendo das circunstâncias de vida e personalidades. Para alguns pesquisadores, há *set points* individuais que determinam seus respectivos pontos estáveis de bem-estar subjetivo. Nessa perspectiva, mesmo que experiências boas ou más afastem os indivíduos de seus *set points*, eles acabarão se

---

1   Cf. J. Helliwell et al., *World Happiness Report 2013*.
2   Gallup World Poll (GWP), The World Values Survey (WVS), The European Values Survey (EVS) e o European Social Survey (ESS), sendo a fonte mais utilizada a primeira, por prover maior cobertura por país.

adaptando às novas circunstâncias e voltarão às medidas originais. Nesse caso, a distribuição da felicidade no mundo e a distribuição na América do Norte (gráficos agrupados na figura 1.1) diriam pouco sobre as condições econômicas e sociais das pessoas, e refletiriam a distribuição de tipos de personalidade mais e menos felizes.

GRÁFICO 1.1   Felicidade, distribuição mundial e na América do Norte (escada de Cantril)

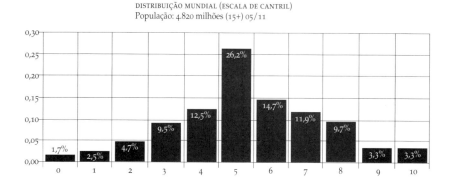

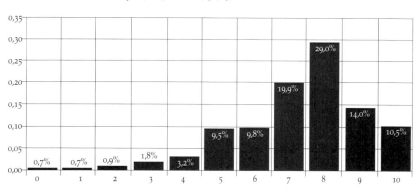

Por outro lado, os gráficos da distribuição da felicidade na Europa e distribuição na América Latina e Caribe (gráfico 1.2) mostram que as avaliações de vida refletem muito mais do que as diferenças entre personalidades. Há enormes diferenças nas avaliações de vida nas várias regiões do mundo, por exemplo, entre países industriais da Europa e da América Latina. O mais notável é que apenas algumas diferenças em certas variáveis e condições de vida – como renda *per*

capita, expectativa de vida, amizades em tempos difíceis, liberdade de escolha e ausência de corrupção – explicam quase todas as diferenças inter-regionais.

Há uma distribuição desigual da felicidade, assim como da renda, para a população de cada nação e entre as nações.

O que se vê também nos gráficos agrupados nas figuras 1.1 e 1.2 é que, em cada região, há uma grande variação de avaliações da vida. Até certo ponto, as avaliações refletem diferenças nos tipos de personalidade, mas principalmente refletem circunstâncias de vida diferentes e predizem cursos de vida diferentes, dentro das mesmas regiões e nações.

GRÁFICO 1.2   Distribuição na Europa e América Latina

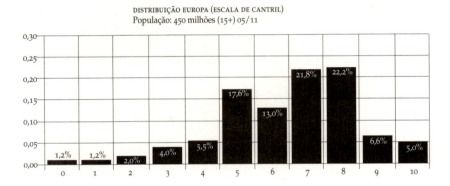

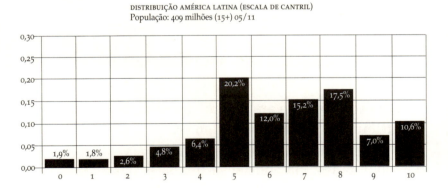

GRÁFICO 2.1   Média da Escada de Cantril por país, parte 1

DICIONÁRIO INCOMPLETO DA FELICIDADE

GRÁFICO 2.1   Média da escada de Cantril por país, parte 2

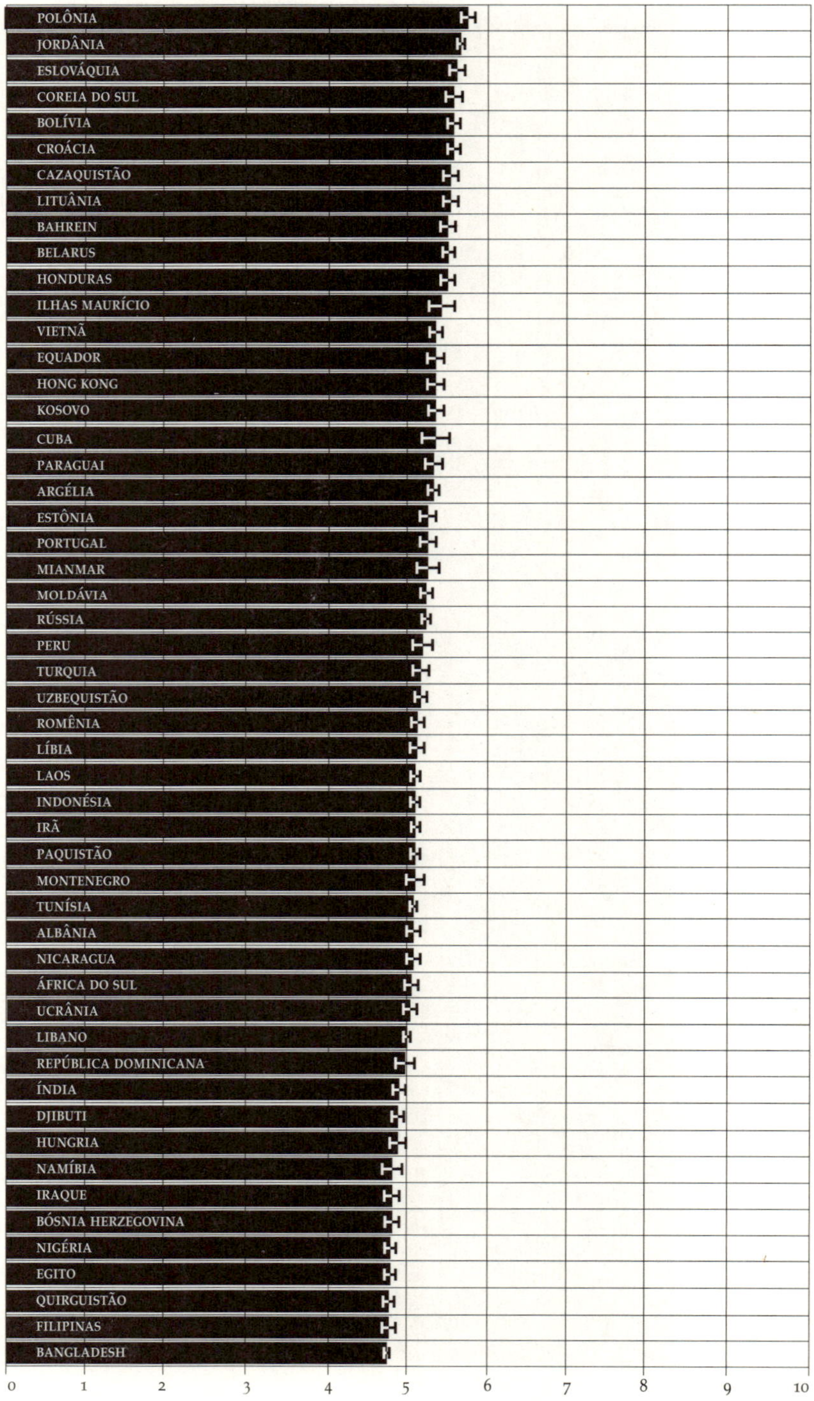

POLÔNIA
JORDÂNIA
ESLOVÁQUIA
COREIA DO SUL
BOLÍVIA
CROÁCIA
CAZAQUISTÃO
LITUÂNIA
BAHREIN
BELARUS
HONDURAS
ILHAS MAURÍCIO
VIETNÃ
EQUADOR
HONG KONG
KOSOVO
CUBA
PARAGUAI
ARGÉLIA
ESTÔNIA
PORTUGAL
MIANMAR
MOLDÁVIA
RÚSSIA
PERU
TURQUIA
UZBEQUISTÃO
ROMÊNIA
LÍBIA
LAOS
INDONÉSIA
IRÃ
PAQUISTÃO
MONTENEGRO
TUNÍSIA
ALBÂNIA
NICARAGUA
ÁFRICA DO SUL
UCRÂNIA
LIBANO
REPÚBLICA DOMINICANA
ÍNDIA
DJIBUTI
HUNGRIA
NAMÍBIA
IRAQUE
BÓSNIA HERZEGOVINA
NIGÉRIA
EGITO
QUIRGUISTÃO
FILIPINAS
BANGLADESH

0   1   2   3   4   5   6   7   8   9   10

GRÁFICO 2.1   Média da escada de Cantril por país, parte 3

MARROCOS									
LETÔNIA									
SÍRIA									
GANA									
ZÂMBIA									
MOÇAMBIQUE									
SOMALILÂNDIA (REGIÃO)									
CHINA									
MAURITÂNIA									
MALAUÍ									
TADJIQUISTÃO									
AZERBAIJÃO									
BOTSWANA									
SÉRVIA									
MONGÓLIA									
AUTORIDADE PALESTINA									
NEPAL									
ARMÊNIA									
IÊMEN									
SUDÃO									
SENEGAL									
CAMARÕES									
MACEDÔNIA									
UGANDA									
MADAGASCAR									
SRI LANKA									
AFEGANISTÃO									
RUANDA									
COSTA DO MARFIM									
QUÊNIA									
ANGOLA									
GUINÉ									
NIGÉRIA									
CAMBOJA									
ETIÓPIA									
LIBÉRIA									
CONGO (KINSHASA)									
ZIMBÁBUE									
MALI									
BURKINA FASO									
CHADE									
GEÓRGIA									
BULGÁRIA									
CONGO (BRAZZAVILLE)									
TANZÂNIA									
HAITI									
COMORES									
BURUNDI									
SERRA LEOA									
REPÚBLICA CENTRO-AFRICANA									
BENIN									
TOGO									
0	1	2	3	4	5	6	7	8	9	10

O gráfico 2.1 mostra a felicidade média por país, com linhas horizontais para representar intervalos de confiança de 95%. Os dados de vários anos são combinados, de modo que o tamanho da amostra é de vários milhares de indivíduos para a maioria dos países. Esse tamanho, aliado ao fato de que as mudanças de ano para ano em médias de felicidade são pequenas em relação às diferenças entre países, significa que é possível estabelecer muitas diferenças significativas entre países.

Devido à variedade de experiências em cada nação, a gama de médias nacionais de felicidade é ainda maior do que para grupos de países. Os quatro países do topo (todos no norte da Europa) têm avaliações de vida com média de 7,6 comparadas a 3,4 nos quatro países da parte inferior (todos na África subsaariana). Conforme descrito no verbete BEM-ESTAR SUBJETIVO, cerca de 80% das diferenças entre os países podem ser atribuídas às mesmas variáveis que medem as bases materiais, sociais e institucionais para uma boa vida. Todas essas bases são mais fortes nos países melhor classificados. Comparando-se os quatro primeiros países com os quatro últimos, os rendimentos médios são quarenta vezes mais elevados, a esperança de vida saudável é 28 anos maior, as pessoas são bem mais propensas a ter alguém para chamar em momentos de dificuldade (95% contra 48%) assim como a ter sensação de liberdade (94% contra 63%), e percebem menor corrupção generalizada nos negócios e governo (33% contra 85%).

GRÁFICO 3.1   Desvio padrão da escada de Cantril por país, parte 1

DICIONÁRIO INCOMPLETO DA FELICIDADE 122

GRÁFICO 3.1　　Desvio padrão da escada de Cantril por país, parte 2

GRÁFICO 3.1   Desvio padrão da escada de Cantril por país, parte 3

Voltando à distribuição de bem-estar subjetivo dentro dos países, o gráfico 3.1 mostra os desvios-padrão da distribuição de avaliações de vida de cada país. Os países estão listados na mesma ordem que no gráfico 2.1, de modo a ilustrar a grande extensão em que a desigualdade de bem-estar difere entre países. Se os graus de desigualdade dentro do país, na distribuição de felicidade, fossem os mesmos em cada país (medida pelo coeficiente de variação), então os desvios-padrão no gráfico 3.1 seguiriam o mesmo declive gradual exibido pelas classificações dos países no gráfico 2.1 das avaliações médias de vida – porém, o gráfico mostra que isso está longe da realidade.

Em geral, não existe uma correlação significativa através dos países entre as médias dos países e os desvios-padrão para a amostra global. No entanto, entre os países da OCDE, a correlação entre as médias e os desvios-padrão de cada condado (ou unidade administrativa) é significativamente negativa, enquanto para o resto do mundo a correlação é em média positiva. Entre os países com altos escores médios, alguns têm elevado grau de igualdade na distribuição de felicidade (por exemplo, Dinamarca e Países Baixos), enquanto em alguns outros países relativamente bem classificados (por exemplo, Costa Rica e Estados Unidos) há muito mais dispersão e maior proporção da população que apresenta baixa satisfação com a vida.

A OCDE divulgou recentemente o crescimento da desigualdade de renda em quase todos os seus países nos vinte últimos anos. Existem (ainda que não suficientemente grandes e longas) amostras de dados de felicidade, e de dados de apoio social, para ver se o crescimento da desigualdade de renda se acompanhou pelo crescimento na desigualdade de felicidade e em seus fatores desencadeantes independentes da renda.

O mencionado Gallup World Poll considera ainda duas questões: se as medidas de bem-estar subjetivo são confiáveis e válidas; e se a confiabilidade foi verificada pelos critérios usuais. (Ver CONFIABILIDADE E VALIDADE.)

Florescimento

s palavras "florescer", "florescimento" e derivadas admitem, em linguagem corrente, alguns significados literais e também alguns sentidos metafóricos:

FLORESCER (Do lat. *florescere*.) 1. Lançar ou produzir flores; florir, florejar. 2. Medrar, desenvolver-se. 3. Existir com renome, nomeada ou fama; distinguir-se, sobressair, brilhar. 4. Fazer rebrotar, brotar flores, cobrir-se de flores nascentes; florir, enflorar. 5. Dar realce ou brilho. (*Dicionário Aurélio*)

Para empregar esses vocábulos na ciência da felicidade será necessário conceituá-los como termos especializados: atribuir-lhes um significado central e construir um procedimento que permita incorporar-lhes um atributo cardinal. Isto é, o "florescimento" terá de se tornar quantificável e, consequentemente, mensurável.
O termo "florescimento", mais exatamente *flourishing*, foi utilizado pela primeira vez na nascente ciência da felicidade em 2002, pelo psicólogo norte-americano Corey Keyes, para descrever um estado mental em que prevalecem AFETOS

POSITIVOS e um funcionamento na vida também positivo[1]. Nessa concepção, o conceito inclui um componente de hedonia, que é uma vida prazerosa, e um componente de eudaimonia, uma vida com engajamento e propósito. Na PSICOLOGIA POSITIVA, o florescer conota um modo de funcionar na vida com crescimento psicológico, criatividade, bondade e resiliência; o oposto de uma vida vazia e sem propósito. Com esses atributos, o estado de "florescer" pode ser considerado equivalente a um alto grau de BEM-ESTAR SUBJETIVO.

A importância de se operacionalizar um indicador confiável e válido para mensurar o bem-estar subjetivo (BES) e, em particular, o florescimento como um estado mental desejável tem sido uma preocupação dos pesquisadores e também de vários governos, notadamente nos países mais ricos. Nesses países verificou-se que, acima de certo patamar, o PIB não é mais satisfatório como aferidor do bem-estar subjetivo de suas populações (PARADOXO DE EASTERLIN). Visando tal questão, e para capacitar os governos a implementar POLÍTICAS PÚBLICAS adequadas e eficazes a fim de aumentar o bem-estar subjetivo e o florescimento de suas populações, deveriam ser construídos indicadores específicos, confiáveis e válidos (ver CONFIABILIDADE E VALIDADE). O Butão foi um país pioneiro nisso, com a criação de um indicador para aferir o bem-estar subjetivo de seus habitantes, a Felicidade Interna Bruta (ver FELICIDADE INTERNA BRUTA).

Na ciência da felicidade o procedimento para operacionalizar o termo "florescimento" pode ser feito a partir de alguns pressupostos aprioristicos. Hone e colaboradores descrevem quatro modos de efetuar essa operacionalização[2], que afinal consiste em achar proposições cujas gradações nas respostas consigam, de algum modo, circunscrever e quantificar o grau de florescimento de cada respondente.

---

1 Cf. The Mental Health Continuum: From Languishing to Flourishing in Life, *Journal of Health and Social Behavior*, v. 43, n. 2.
2 Cf. Measuring Flourishing: The Impact of Operational Definitions on the Prevalence of High Levels of Well-Being, *International Journal of Wellbeing*, v. 4, n. 11.

Escala de florescimento de Keyes

O primeiro modo foi desenvolvido por Keyes[3]. Seu axioma fundamental foi adotar, como sintomas característicos do estado de florescimento, sinais opostos aos sintomas da depressão adotados pela Associação Americana de Psiquiatria[4], e com eles formular um questionário para avaliar o grau de florescimento por autorrelato. Com quatorze itens que contemplam algumas dimensões do florescimento, o questionário foi denominado de MHC-SF, Mental Health Continuum Short Form.

Componente do florescimento, item indicador do MHC-SF

No mês passado, com que frequência você sentiu:

i. Bem-estar emocional

Afeto positivo	Feliz
Afeto positivo	Interessado na vida
Satisfação com a vida	Satisfeito

Alternativas: nunca; uma vez por semana; duas vezes; três vezes; todos os dias.

ii. Bem-estar social

Contribuição Social	Você tem algo importante a contribuir com a sociedade.
Integração Social	Você pertence a uma comunidade.
Atualização Social	A sociedade está ficando um lugar melhor para pessoas como você.
Aceitação Social	Basicamente as pessoas são boas.
Coerência Social	Faz sentido para você a forma como funciona a sociedade.

iii. Bem-estar subjetivo psicológico

Autoaceitação	Você gosta da maior parte de sua personalidade.
Domínio do meio ambiente	Você é bom na administração de suas responsabilidades diárias.
Relações positivas com os outros	Você é cordial e confiante nas relações com os outros.
Crescimento pessoal	Você teve experiências que o desafiaram a crescer e se tornar uma pessoa melhor.

---

3   Cf. Mental Illness and/or Mental Health? Investigating Axioms of the Complete State Model of Health, *Journal of Consulting and Clinical Psychology*, v. 73, n. 3.

4   Os sintomas adotados como critério para identificar a depressão foram os constantes no *Diagnostic and Statistical Manual* (DSM), edição de 1987.

| Autonomia | Você é confiante quando exprime suas próprias ideias e opiniões. |
| Propósito na vida | Sua vida tem direção e significado.[5] |

Esse procedimento tem mostrado condições de *confiabilidade e validade*. Sua utilidade foi demonstrada em medições de risco de doenças mentais em adultos, risco de suicídio entre estudantes universitários etc.

Escala de florescimento de Huppert e So

O segundo procedimento é o de Huppert e So, que, para definir conceitualmente o florescimento, também adotaram, como seus atributos, o oposto dos sintomas presentes em episódios de depressão conforme DSM-IV[6]. Todavia, diferentemente do procedimento de Keyes, a metodologia de Huppert e So não demandava a presença simultânea de todos os sintomas. Esse conjunto dos dez atributos mencionados cobriam a hedonia (oito primeiros fatores do quadro abaixo) e a eudaimonia (dois dos últimos). As dez características positivas selecionadas (em oposição às negativas dos episódios de depressão) foram: competência, estabilidade emocional, engajamento, significado, otimismo, afeto positivo, relações positivas, resiliência, autoestima e vitalidade.

Para a continuação do procedimento, foram utilizadas respostas de uma amostra representativa de 43 mil europeus pertencentes a 23 países. As respostas obtidas permitiram estabelecer uma diferença de cerca de quatro vezes entre o florescimento de 41% dos respondentes da Dinamarca para menos de 10% na Eslováquia, na Rússia e em Portugal. Esses perfis oferecem uma perspectiva sobre as diferenças nesses países correlatas ao bem-estar subjetivo e ao florescimento, e indicam as características mais promissoras para serem trabalhadas pelas políticas públicas.

Foi utilizado o instrumento de coleta de dados do European Social Survey (ESS), distribuído aos respondentes e transcrito a seguir.

---

5 Cf. L.C. Hone et al., op. cit.
6 Cf. Flourishing Across Europe: Application on a New Conceptual Framework for Defining Well Being, *Social Indicators Research*, v. 110, n. 3.

Aspectos positivos	Item usado como indicador no ESS
Escala	
Competência	Na maior parte dos dias, tenho uma sensação de competência naquilo que faço. Resposta de 1 até 5.
Estabilidade emocional	Na semana passada, me senti calmo(a) e feliz. Resposta de 1 até 4.
Engajamento	Adoro aprender coisas novas. Resposta de 1 até 10.
Significado	Geralmente sinto que o que faço na vida vale a pena e é valioso. Resposta de 1 até 10.
Otimismo	Sempre sou otimista em relação ao que faço. Resposta de 1 até 10.
Emoção otimista	Tomando tudo em consideração, o quanto você diria que é feliz? Resposta de 1 até 10.
Relações positivas	Há pessoas em minha vida que se preocupam comigo de verdade. Resposta de 1 até 10.
Resiliência	Se as coisas dão errado na minha vida, leva um tempo para eu voltar ao normal (contagem reversa). Resposta de 1 até 10.
Autoestima	Em geral me sinto positivo(a) em relação a mim mesmo(a). Resposta de 1 até 10.
Vitalidade	Na semana passada tive muita energia. Resposta de 1 até 4.

Baseado nos resultados do questionário acima, foi proposta uma definição operacional do constructo florescimento que leva em conta o número, a quantidade e o grau que estavam presentes as características acima.

Escala de florescimento de Diener e colaboradores

O terceiro procedimento é baseado em princípios da psicologia humanista. A escala de florescimento (Flourishing Scale ou FS), registrada por Diener e colaboradores em 2010, acessa algumas necessidades e valores humanos básicos[7]. Originada de outra escala de doze itens, combina dimensões de bem-estar subjetivo como competência,

---

[7] Cf. New Well-Being Measures: Shorts Scales to Assess Flourishing and Positive and Negative Feelings, *Social Indicators Research*, v. 97, n. 2.

autoaceitação, significado e relacionamento com outras pessoas. Também são importantes para o funcionamento positivo fatores como otimismo, desapego e engajamento, que também contribuem para o bem-estar subjetivo. As escalas foram avaliadas numa amostra de 689 estudantes universitários e constituem uma resposta sumária da autopercepção do respondente, seu sucesso em áreas importantes como relações, autoestima, propósito e otimismo.

A escala de florescimento (FS) é constituída por oito frases com as quais você pode concordar ou discordar.

Utilizando a escala abaixo de 1 a 7, indique o grau de seu acordo ou desacordo com cada item, sendo:

1. Concordo fortemente
2. Concordo
3. Concordo levemente
4. Nem concordo nem discordo
5. Discordo levemente
6. Discordo
7. Discordo fortemente

_____ Levo minha vida com propósito e significado.
_____ Minhas relações sociais me dão apoio e são compensadoras.
_____ Estou engajado e interessado em minhas atividades diárias.
_____ Contribuo ativamente para a felicidade e bem-estar de outros.
_____ Sou competente e capaz nas atividades que são importantes para mim.
_____ Sou uma pessoa do bem e tenho uma vida boa.
_____ Sou otimista em relação ao futuro.
_____ As pessoas me respeitam.

AFERIÇÃO DE RESULTADOS

Some as respostas que variam de 1 a 7. Os resultados oscilarão de um mínimo de oito pontos até um máximo de 56. A FS também teve sua confiabilidade e validade confirmadas. A correspondência entre os componentes do florescimento e seus respectivos indicadores pode ser vista abaixo.

Componente do florescimento	Indicador do FS[8]
Propósito/Significado	Eu conduzo minha vida com propósito e significado.
Relações positivas	Minhas relações sociais me dão apoio e são compensadoras.

8   Cf. L.C. Hone at al., op. cit.

Contribuição social	Contribuo ativamente para a felicidade e bem-estar subjetivo de outros.
Competência	Sou competente e capaz nas atividades que são importantes para mim.
Autorrespeito	Sou uma pessoa boa e tenho uma vida boa.
Otimismo	Sou otimista acerca de meu futuro.
Relações sociais	As pessoas me respeitam.

O Florescimento por Seligman

O quarto procedimento consiste na elaboração da definição operacional do conceito de "florescimento" feito por Seligman: "Penso agora que o tema da psicologia positiva é o bem-estar, que a regra áurea para medir o bem-estar é o florescimento e que o objetivo da psicologia positiva é incrementar o florescimento" [9]. Para ele, o bem-estar tem cinco componentes que são inter e correlacionados, mas podem ser medidos separadamente: emoções positivas, engajamento, relacionamentos, significado da vida e realizações (*positive emotions, engagement, relationships, meaning in life, accomplishments*). Após vários estudos e testes com 11.905 participantes, foi criado o indicador Perma (das iniciais dos termos em inglês), que contém dezesseis itens, com três deles representando cada um dos cinco componentes acima mencionados e um representando o bem-estar geral. Cada item é aferido numa escala de zero, para "nunca", a 10, "sempre". O quadro a seguir ilustra a distribuição dos componentes e seus respectivos indicadores.

COMPONENTES DO FLORESCIMENTO	ITENS DOS INDICADORES PERMA
Emoção positiva	Em geral, com que frequência você se sente alegre? Em geral, com que frequência você se sente positivo? Em geral, em que medida você se sente contente?
Engajamento	É frequente você se absorver no que está fazendo? Em que medida você está interessado e excitado pelas coisas? Com que frequência você perde a noção do tempo quando está fazendo algo de que gosta?

9 *Flourish: A Visionary New Understanding of Happiness and Well-Being*, p. 13.

Relações positivas	Em que medida você recebe apoio e ajuda de outros quando precisa? Em que medida você tem se sentido amado? Quanto você está satisfeito com suas relações pessoais?
Significado	Em geral, em que medida leva a vida com propósito e significado? Em geral, em que medida você sente que o que faz em sua vida tem valor e vale a pena? Em que medida você sente que tem um sentido de direção na sua vida?
Realização	Com que frequência você sente que está progredindo em relação a realizar seus objetivos? Com que frequência você atinge os objetivos importantes que estabeleceu para si mesmo? Com que frequência você é capaz de lidar com suas responsabilidades?
Bem-estar geral	Levando em conta todas as coisas, o quão feliz você diria que é?

As semelhanças e diferenças entre os quatro modelos esquematizados no quadro acima é feita por Hone e colaboradores. Abaixo está a transcrição de uma parte do trabalho mencionado:

> Os quatro grupos operacionalizaram florescimento diferentemente mas todos os quatro concordaram em dois pontos: a) o florescimento se refere a altos níveis de bem-estar subjetivo; b) o bem-estar subjetivo é um constructo multidisciplinar que não pode ser acedido e medido adequadamente com a utilização de um único item [...] Duas vantagens comuns aos quatro modelos são sua brevidade e clareza: eles acessam a natureza multidimensional do bem-estar subjetivo em menos de 20 perguntas e nenhuma delas demanda auxílio de um especialista para sua interpretação. Todas as medidas produzem dados que podem ser úteis a usuários de várias áreas: clínicas, políticas públicas, contextos de promoção de saúde [...].
>
> Em termos de diferenças, apenas o modelo de Keyes inclui o item "satisfação com a vida" em seu questionário [...]. Outras diferenças conceituais: apenas dois dos quatro modelos incluem o termo "otimismo" (Huppert e So e Diener et al.), enquanto "vitalidade" e "resiliência" aparecem apenas na definição de Huppert e So.

Esquema comparativo entre as quatro conceitualizações do florescimento (Hone e colaboradores).

KEYES	HUPPERT E SO	DIENER E COLABORADORES	SELIGMAN E COLABORADORES
Relações positivas	Relações positivas	Relações positivas	Relações positivas
Afeto positivo (interesse)	Engajamento	Engajamento	Engajamento
Propósito na vida	Significado	Propósito e significado	Propósito e significado
Autoaceitação	Autoestima	Autoaceitação e autoestima	–
Afeto positivo (felicidade)	Emoção positiva	–	Emoção positiva
–	Competência	Competência	Realização e competência
–	Otimismo	Otimismo	–
Contribuição social	–	Contribuição social	–
Integração social	–	–	–
Crescimento social	–	–	–
Aceitação social	–	–	–
Coerência social	–	–	–
Domínio do meio ambiente	–	–	–
Crescimento pessoal	–	–	–
Autonomia	–	–	–
Satisfação com a vida	–	–	–
–	Estabilidade emocional	–	–
–	Vitalidade	–	–
–	Resiliência	–	–

Em verdade, a transformação do sentido ordinário das palavras em constructos dotados de significados unívocos e que podem ser mensurados de forma confiável e válida está no cerne da constituição da ciência da felicidade, um trabalho que está em andamento. No caso do constructo florescimento, os quatro procedimentos mencionados foram descritos de forma resumida; os procedimentos para verificar a confiabilidade e validade estão ainda em andamento. Concebidos de acordo com pressupostos diferenciados, geraram também significados algo diferenciados do constructo florescimento. As respectivas correlações entre as quatro propostas estão indicadas abaixo:

	KEYES		HUPPERT E SO		DIENER E COLABORADORES		SELIGMAN E COLABORADORES	
	Acordo	Correlação	Acordo	Correlação	Acordo	Correlação	Acordo	Correlação
KEYES	100%	1	–	–	–	–	–	–
HUPPERT E SO	78%	0,54	100%	1	–	–	–	–
DIENER	77%	0,52	75%	0,48	100%	1	–	–
SELIGMAN	81%	0,62	74%	0,53	80%	0,59	100%	1

Contudo, para se produzir um documento investigativo de valor comparativo internacionalmente válido, será necessário compor, através das propostas existentes, confiáveis e válidas, uma proposta única que possa ser testada em sua CONFIABILIDADE E VALIDADE.

Fluxo

*A qualidade de vida não depende apenas da felicidade,
mas também do que fazemos para sermos felizes. Se
falhamos em desenvolver objetivos que darão significado
para nossa existência, se não usamos nossa mente em sua
totalidade, então os bons sentimentos preencherão apenas
uma fração do potencial que possuímos. Uma pessoa que
consegue o contentamento retirando-se do mundo para
"cultivar seu jardim", como o Cândido, de Voltaire, não
pode ser considerada como alguém que leva uma vida feliz.
Sem sonhos, sem riscos, apenas se pode conseguir uma
semelhança trivial com a experiência do viver.*

M. CSIKSZENTMIHALYI

 termo *flow*, que traduzimos por "fluxo", foi escolhido pelo psicólogo húngaro Mihaly Csikszentmihalyi em 1975[1] para designar determinadas fases de vários tipos de atividades autotélicas com alto grau de foco e concentração. Após estudos e pesquisas com várias pessoas envolvidas em tarefas complexas e desafiadoras que requerem alta concentração, grandes desafios e contentamento (como cirurgias de alto risco, partidas de xadrez, escaladas de montanhas, criação

---

[1] Cf. *Beyond Boredom and Anxiety*.

artística etc.), Csikszentmihalyi distinguiu nove dimensões no processo do fluxo: objetivos claros; retroação imediata; grandes desafios enfrentados com habilidades pessoais adequadas; fusão da ação com a consciência do fazer; concentração com a tarefa imediata; o paradoxo do controle da situação; perda da autoconsciência; sentido do tempo alterado; motivação intrínseca. Esse estado altamente gratificante e positivo foi chamado de "experiência ótima".

As dimensões do fluxo

1. Os objetivos devem ser claros, e as regras que conformam a atividade, perfeitamente introjetadas. Um jogador de tênis disputando uma partida de campeonato é um exemplo.
2. A retroação (*feedback*) deve suceder imediatamente cada uma das diversas etapas da tarefa. Isso significa que o erro ou o acerto devem ser imediatamente reconhecidos.
3. A tarefa a ser executada pode ser tanto a composição ou a execução de uma música ou de uma obra de arte como um trabalho manual, uma escalada difícil de uma alta montanha, uma cirurgia complicada, uma luta de sumô, uma partida de tênis num campeonato etc. Os desafios a serem vencidos na execução devem ser compatíveis com as habilidades da pessoa que os vai executar: nem impossíveis de serem transpostos nem triviais ou com a solução já padronizada e automática. Esse, todavia, é um equilíbrio dinâmico, pois na repetição da tarefa os estados de fluxo podem fazer com que o desafio aumente de complexidade – e consequentemente também demande aumento da habilidade do executor. Mas tanto o jogador de tênis como o jogador de xadrez acostumados a disputar campeonatos importantes certamente não chegarão ao estado de fluxo jogando no domingo, com simples amigos amadores; o mesmo acontece com o escalador do Everest quando escala o pico do Jaraguá. É que para o estado de fluxo existir é também necessário um grau de incerteza na tarefa, o que garante seu caráter lúdico e sua maior motivação e atrativo. O caso contrário, de uma tarefa aquém do pleno potencial, torna-se um rito com resultados previsíveis. Dizemos então que a situação "perdeu a graça"

e, consequentemente, a motivação. O mesmo ocorre com um piloto de Fórmula 1, que provavelmente atinge o fluxo na corrida de campeonato. Já quem dirige de casa até o trabalho às vezes até esquece o que vê no trajeto, o que é exatamente o oposto do fluxo: executar mecanicamente uma tarefa enquanto se pensa em outra coisa.

4. O fazer e a consciência do fazer se fundem, como quando alguém se concentra num difícil problema de matemática. O problema deve ser difícil, mas não impossível, o que geraria a frustração; se demasiado fácil, resulta em tédio. Quem entra no estado de fluxo, dispõe de tal concentração que se esquece de tudo, até mesmo que há um ego interno e um problema externo: os dois se fundem.

5. Há concentração total na tarefa. Não sobra espaço nem tempo para nenhum desvio da atenção ou distração.

6. Sem pretender ou ter a intenção de estar no controle, em realidade controlamos o processo. (Pode ser uma consequência da dimensão 4.)

7. É a perda do ego, que ocorre quando o ego se funde com o processo.

8. Há uma perda da consciência da passagem do tempo.

9. É uma experiência autotélica (de *auto*, "próprio", e *telos*, "finalidade")[2]: não é essencialmente um meio para um fim, mas sim um fim em si mesmo. O foco e a concentração são indispensáveis para o fluxo. A distração interrompe o fluxo e podem se passar horas antes de recuperá-lo para continuar o trabalho ou tarefa. Quanto mais ambicioso o trabalho, mais tempo leva para nos perdermos nele e mais facilmente nos distraímos. Quando estamos integrados no fluxo, sentimos apenas o que é relevante para o trabalho. Não há espaço na mente para a pessoa se sentir feliz; isso só pode ocorrer nos momentos de distração. Ao término da tarefa, sente-se um grande bem-estar subjetivo.

No longo prazo, quanto mais experimentamos o fluxo na vida diária, mais nos sentimos felizes. Alguns exercícios são sugeridos por Csikszentmihalyi para cultivar a capacidade em estar atento não com fins apenas instrumentais, mas para atiçar a curiosidade gratuita. Como fazer? A. tente ser surpreendido por algo a cada dia; B. tente surpreender pelo menos uma pessoa a cada dia; C. escreva a cada

---

2   Nesse sentido, há uma semelhança entre o estado do *flow* e o atributo autotélico da felicidade em Aristóteles.

dia como você se surpreendeu e como foi surpreendido por outros; D. quando você identificar uma faísca de interesse, tente segui-la.

O fluxo pode ocorrer em várias oportunidades e contextos da vida diária: no trabalho, praticando esportes, fazendo artesanato ou trabalhos manuais, em interações sociais etc. No entanto, existem requisitos: a tarefa deve ser desafiadora para mobilizar as habilidades pessoais e motivar a concentração e o engajamento[3].

Avaliação do fluxo

O fluxo pode ser avaliado qualitativamente e quantitativamente. No primeiro caso, são feitas entrevistas dirigidas com pessoas habituadas ao processo do fluxo, enquadrando as perguntas em direção às nove dimensões mencionadas. A avaliação quantitativa é feita mediante questionários contendo determinadas escalas. Um primeiro exemplo é a escala do fluxo de Engeser e Rheinberg[4], formada por treze itens que devem ser avaliados cada um numa escala crescente de 0 a 10.

1. Sinto o tamanho certo do desafio.
2. Meus pensamentos e movimentos fluem suavemente.
3. Não noto o tempo passar.
4. Não tenho dificuldade em me concentrar.
5. Minha mente é absolutamente clara.
6. Fico completamente absorto no que estou fazendo.
7. Os pensamentos/movimentos ocorrem por si próprios.
8. Sei o que tenho de fazer em cada etapa do caminho.
9. Sinto que tenho tudo sob controle.
10. Fico completamente perdido no pensamento.
11. Algo de importante está em jogo para mim.
12. Não devo fazer nenhum erro aqui.
13. Fico preocupado em não falhar ou em não cometer erros.

Os itens do fluxo podem ser separados em dois fatores:
- fluência do desempenho, nos itens 2, 4, 5, 7, 8, 9.
- absorção pela atividade, nos itens 1, 3, 6, 10.

Os demais itens aferem a demanda e as habilidades percebidas.

---

3   A. Delle Fave, Past, Present and Future of Flow, em S.A. David et al. (eds.), *The Oxford Handbook of Happiness*, p. 61.

4   S. Engeser; F. Rheinberg, Flow, Moderators of Challenge-Skill-Balance and Performance, *Motivation and Emotion*, v. 32.

Uma segunda escala foi formulada por Jackson e Eklund[5] e consta de 36 itens, em nove grupos com quatro itens cada, para contemplar as nove dimensões mencionadas acima. Aplicando a escala de Likert (em que 1 corresponde a "discordo totalmente", e 5, a "concordo totalmente"), essa escala foi utilizada entre nós por George dos Reis Alba, Taisson Toigo e Janaína Macke, da Universidade de Caxias do Sul[6]. Uma das conclusões do grupo, que pesquisou o fluxo em jogadores de uma equipe de basquetebol profissional, foi a evidência da nona dimensão, a autotélica: "os jogadores consideram as partidas uma experiência compensadora em si".

Uma pesquisa feita por professores da Universidade de Juiz de Fora[7] avaliou as características do *flow* no jogo de tênis, com dez jogadores competindo em um torneio oficial. O método selecionado foi o da entrevista semiestruturada com questões relacionadas ao fluxo. As respostas foram analisadas pelo método de análise de conteúdo. As dimensões mais citadas foram: concentração intensa na tarefa, controle absoluto das ações, objetivos claros e equilíbrio desafio-habilidade. As quatro dimensões mencionadas foram responsáveis por 63,52% de todas as dimensões que compunham as unidades de registro. O método da entrevista, ao contrário dos questionários quantitativos (que são formulados por itens fechados), permitiu o aparecimento de outras características, como a importância do condicionamento físico para a ocorrência do fluxo.

---

5   S.A. Jackson; R.C. Eklund, Assessing Flow in Physical Activity: The Flow State Scale-2 and Disposiotional Flow Scale-2, *Journal of Sport & Exercise Psychology*, v. 24, n. 2.

6   G.R. Alba et al., Estado de "Flow" em uma Equipe de Basquetebol Profissional, *Anais do* VI SEGeT.

7   M.V. Miranda Jr. et al., Análise do "Flow-Feeling" no Tênis, *Revista da Educação Física /* UEM, v. 23, n. 4.

GNH

Sigla de *Gross National Happiness*, expressão que pode ser traduzida como Felicidade Nacional Bruta. Trata-se de um índice desenvolvido para avaliar qualidade de vida de populações incluindo aspectos mais abrangentes do que o Produto Interno Bruto (PIB). (Ver FELICIDADE INTERNA BRUTA.)

Hedonia e Eudaimonia

A palavra grega *hedone* (ηεδονια) significa "prazer". O termo *eudaimonia* (ευδαιμονια) pode ser definido como uma "vida feliz", a partir de *eu*, "bom, feliz, prazeroso" e *daimon*, uma espécie de gênio tutelar que orienta o indivíduo, figura da mitologia grega semelhante ao nosso anjo da guarda: uma vida guiada por um bom gênio, portanto, uma vida feliz[1]. Entre os pensadores gregos da Antiguidade, Arístipo (século v a.C.) defendia o caminho para a felicidade como a busca do prazer, não só o do corpo, mas especialmente o prazer do espírito. Epicuro (341-270 a.C.) também definia a felicidade como a busca do prazer (mas com prudência) e a fuga da dor. Para ele, duas questões apresentavam obstáculos para o bem-estar subjetivo do homem: o medo da morte e o medo dos deuses. Os deuses existiam, mas não se preocupavam com a sorte dos homens (talvez porque tivessem coisas mais importantes a fazer). A preocupação com a morte era, para Epicuro, de fácil solução, pois, enquanto vivemos a morte não existe e, depois que morremos, não mais existimos e a morte também não existe[2].

---

1 Cf. F.L. e Silva, *Felicidade: Dos Filósofos Pré-Socráticos aos Contemporâneos*.
2 Cf. B. Farrington, *A Doutrina de Epicuro*.

Aristóteles (384-322 a.C.) utilizou o termo "eudaimonia" em um conhecido texto dedicado a seu filho e denominado *Ética a Nicômaco*, definindo-a como um comportamento que demonstrasse excelência e virtude. A virtude (*virtu*, em latim, ou *aretê*, em grego) incluía tanto a virtude em seu sentido ético ou moral (justiça, bondade, coragem, honestidade) como também a excelência na capacidade profissional e nas ações.

Aretê = Virtudes

Virtudes de caráter (morais)	Virtudes da mente (intelectuais)	
Aretai	*Tecnai*	
Ex.: coragem	*Sophia*	*Phronesis*
	Habilidades ligadas às artes e às técnicas	Sabedoria prática

Esquema adaptado de Ana Carla Scalabrin[3].

Os pensadores hedonistas, que definem a felicidade como a busca do prazer, tiveram como seguidores, entre outros, Hobbes (1588-1679), Locke (1632-1704) e notadamente os filósofos utilitaristas Jeremy Bentham (1748-1832)[4] e John Stuart Mill (1806-1873). O filósofo contemporâneo David Phillips diferencia a hedonia da eudaimonia: a felicidade hedônica é centrada no indivíduo, sua autonomia, liberdade pessoal, autopreservação; o indivíduo é quem decide o que o faz feliz[5].

A felicidade hedonista também pode ser chamada de felicidade psicológica e de bem-estar subjetivo emocional[6]. O bem-estar subjetivo emocional pode ser aferido a partir da adição dos afetos positivos e subtração dos negativos em determinado período. Um exemplo de procedimento para medir os afetos é a escala de Diener e colaboradores[7], adaptada por Sirgy[8].

Escala de experiências positivas e negativas (Diener, adaptada por Sirgy)

Pense no que você tem feito e experimentado durante as últimas quatro semanas.

Indique quanto você experimentou de cada uma das sensações mencionadas a seguir, em uma escala de 1 a 5. Anote na folha de respostas:

1 = muito raramente ou nunca; 2 = raramente; 3 = às vezes;
4 = frequentemente; 5 = muito frequentemente ou sempre.

---

3   Cf. *Do Hedonismo à Eudaimonia: Tratado de Bem-Estar Psicológico no Trabalho*.
4   O maior bem para Bentham era "maximizar o prazer para o maior número de pessoas"; cf. J. Bentham, An Introduction to the Principles of Morals and Legislation, em M.P. Mack (ed.), *A Bentham Reader*.
5   Cf. *Quality of Life: Concept, Policy and Practice*.
6   Cf. M. Sirgy, *The Psychology of the Quality of Life*.
7   Cf. New Well-Being Measures: Shorts Scales to Acess Flourishing and Positive and Negative Fellings, *Social Indicators Research*, v. 7, n. 2.
8   Op. cit., p. 9.

Positivo [ ], Negativo [ ], Bom [ ], Ruim [ ], Agradável [ ], Desagradável [ ], Alegre [ ], Triste [ ], Com medo [ ], Zangado [ ], Contente [ ].

Ex.: Bom 1 2 3 4 5 Ruim 1 2 3 4 5

O procedimento deve ser repetido para cada um dos atributos mencionados acima.

AFERIÇÃO:

A medida pode ser usada para o balanço geral, mas também ser dividida entre os efeitos positivos e negativos.

AFETOS POSITIVOS: Some os resultados para os seis itens: positivo, bom, agradável, feliz, alegre e contente. O resultado pode variar de 6 (o mínimo possível) até 30 (o máximo possível).

AFETOS NEGATIVOS: Some os resultados para os seis itens: negativo, ruim, desagradável, triste, com medo e zangado. O resultado pode variar de 6 (o mínimo possível) até 30 (o máximo possível).

BALANÇO DOS AFETOS: O resultado dos afetos negativos pode ser subtraído do resultado da soma dos afetos positivos. A diferença varia entre -24 (máxima infelicidade) até +24 (máxima felicidade).

Os valores da eudaimonia foram enfatizados por psicólogos e filósofos. Além de prazeres, a eudaimonia compreende a autorrealização das potencialidades individuais, objetivos e ideais que superam os objetivos apenas pessoais.

Abraham Maslow apresentou uma hierarquia das necessidades do homem na imagem de uma pirâmide[9].

AUTORREALIZAÇÃO — realização das próprias potencialidades, eudaimonia

VALORIZAÇÃO DO EGO — autoestima, valorização por outras pessoas

NECESSIDADES SOCIAIS — afeto, amor

NECESSIDADES DE SEGURANÇA — de sua pessoa, família, bens

NECESSIDADES FISIOLÓGICAS BÁSICAS — comida, bebida, abrigo adequado

Adaptado de Abraham Maslow, *Motivation and Personality*.

Segundo Maslow, a partir da satisfação das necessidades primordiais (as fisiológicas básicas), as demais, até a derradeira, passam a

---

9   Cf. *Motivation and Personality*.

ser motivadas: autorrealização das potencialidades de cada indivíduo, a autonomia e outras, no nível mais alto de bem-estar subjetivo na dimensão da eudaimonia.

A eudaimonia

A tradição eudaimônica deriva, como vimos, de Aristóteles. As definições de eudaimonia têm variado bastante. Ryff a define como a realização do potencial da pessoa, ante os desafios da existência, conservando a sensação de bem-estar[10]. Para ele, eudaimonia equivale ao bem-estar psicológico, ao crescimento pessoal, finalidade na vida, autonomia, domínio do ambiente, autoaceitação e boas relações com os outros. J. Viterso distingue os traços da eudaimonia que promovem a mudança e crescimento dos traços da hedonia que privilegiam a estabilidade e a assimilação[11].

Segundo Veronika Huta alguns temas podem ser comuns às várias concepções de eudaimonia[12]. Esses temas podem ser organizados em dois grupos: a eudaimonia como um modo de comportamento; e a eudaimonia como uma forma de bem-estar subjetivo:

A eudaimonia como um modo de comportamento

- *Excelência*: lutar por algo bom ou melhor, intenso ou mais intenso. É discutível se o mérito dessas ações deve ser julgado subjetivamente ou por consenso objetivo.
- *Autenticidade/Autonomia*: agir de acordo com seus valores profundos e lutar para integrar os diferentes aspectos de sua própria personalidade.
- *Desenvolvimento*: seguir um objetivo que promove evolução pessoal e realização do próprio potencial.
- *Pleno funcionamento*: utilizar toda a capacidade própria quando adequado, também incluindo emoções desagradáveis.

---

10 Cf. Happiness Is Everything, or Is It? Explorations on the Meaning of Psychological Well-Being, *Journal of Personality and Social Psychology*, v. 57.

11 Cf. Flow Versus Life Satisfaction, *Journal of Happiness Studies*, v. 4.

12 Cf. Eudaimonia, em S.A. David et al. (eds.), *The Oxford Handbook of Happiness*.

- *Amplo campo de preocupações*: servir a uma causa maior, seja ao bem-estar subjetivo de entidades ou a algum objetivo a longo termo para si ou para outros, que transcenda o momento imediato.
- *Engajamento*: aplicar-se ativamente, aceitar o desafio e imergir profundamente.
- *Autotelismo*: focar nos meios para atingir os fins ou ver os meios e processos como fins em si mesmos.
- *Contemplação*: pensar no significado das próprias ações guiado por princípios abstratos.
- *Aceitação*: à luta pela excelência, trabalhar simultaneamente com a realidade tal como ela é.

A eudaimonia como forma de bem-estar subjetivo

- *Significado*: sentir que as próprias atividades e experiências são significativas e valiosas.
- *Elevação*: sensação de estar inspirado e em um patamar mais alto de funcionamento.
- *Reverência*: sentir-se admirado e profundamente envolvido, com a experiência dos eventos em nível mais profundo.
- *Conexão*: sentimentos de consciência, conexão e harmonia consigo mesmo nas atividades em contexto mais amplo e em longo prazo.
- Sentir-se vivo e presente.
- *Plenitude*: sentir-se completo, sem necessidade ou vontade de nada mais.
- *Competência*: competência e domínio em importantes setores da vida, o que alguns autores definem como um sentimento subjetivo, e outros, como uma qualidade que deveria ser julgada objetivamente.

A hedonia e a eudaimonia representam duas dimensões, dois componentes, do bem-estar subjetivo e da felicidade. A importância relativa de ambas é um dos temas que divide os filósofos desde os antigos gregos, os filósofos de tendência mais materialista (os hedonistas, como Arístipo e Epicuro) e os eudaimonistas, como Aristóteles e seus seguidores. Ainda na Antiguidade, a filosofia estoica achava suficiente incluir na eudaimonia apenas a razão e as virtudes morais.

Hobbes, no século XVII, defendia a ideia de que uma boa vida significava maximizar o prazer individual e minimizar a dor. Ainda em defesa do hedonismo, mas com um matiz menos individualista e mais social, Bentham e Stuart Mill, filósofos utilitaristas ingleses do século XIX, afirmavam que o maior bem social seria determinado pela maior frequência, duração e intensidade do prazer para o maior número possível de pessoas.

Eudaimonia e ciência da felicidade

O problema para incorporar a eudaimonia ao repertório da ciência da felicidade deriva da dificuldade de determinar um sentido unívoco para o termo que possa ser aceito pelo consenso dos pesquisadores e, consequentemente, permita a realização da pesquisa empírica. Progressos têm sido feitos nessa direção, com a elaboração de procedimentos para aferir a eudaimonia. Um deles, baseado no procedimento para aferir o FLORESCIMENTO formulado por Diener, é a escala proposta pela OCDE no módulo D, que transcrevemos a seguir:

Responda algumas questões acerca de como se sente em relação a você mesmo(a) e em relação à sua vida.
Utilize a escala de 0 a 10 para indicar como você se sente, em que 0 significa "Discordo totalmente" e 10 "Concordo totalmente".

1. Em geral me sinto muito positivo em relação a mim mesmo. [　]
2. Sempre sou otimista em relação a meu futuro. [　]
3. Sou livre para decidir por mim mesmo como viver minha vida. [　]
4. Geralmente sinto que o que faço na vida vale a pena. [　]
5. Na maior parte do tempo tenho um sentimento de realização em relação ao que faço. [　]
6. Quando as coisas vão mal na minha vida, geralmente gasto muito tempo para voltar ao normal. [　]

Agora vamos apresentar uma lista sobre o modo como você pode ter se sentido durante a semana passada. Numa escala de 0 a 10, onde 0 significa que você nunca se sentiu daquele modo e 10 significa que você se sentiu daquele modo "todo o dia de ontem".

7. Você tinha muita energia? [　]
8. Você se sentiu calmo? [　]
9. Você se sentiu só? [　]

Humor

Um preso estava jogando cartas com companheiros. Ao ser descoberto trapaceando no jogo, foi expulso da prisão.

ARTHUR KOESTLER

as várias teorias propostas sobre o humor em geral e sobre os ditos humorísticos (anedotas, situações cômicas etc.), mencionaremos apenas a teoria de Arthur Koestler, exposta em seu livro *O Ato da Criação*. Koestler criou o termo "bissociação" para explicar o ato criativo, tanto no senso de humor como na ciência e na arte. A bissociação no humor acontece quando se combinam dois fatores: o primeiro quando o curso racional de um relato corre linearmente, segundo uma matriz lógica; o segundo quando, em certo momento, uma palavra ou uma situação da primeira matriz passa a pertencer a outra matriz, incompatível com a anterior. É o que se passa com o chiste acima: ser expulso de algum lugar em geral significa algo negativo, mas isso passa a ser positivo naquela situação, de ser expulso da prisão. Esse fato inesperado, mas criativo pela mudança de matriz lógica, causa surpresa e espanto, que são expressos emocionalmente numa risada ou pelo menos num sorriso. Não é essa, porventura, a estrutura comum a tantos relatos denominados anedotas ou mesmo situações que nos causam riso, expressão de alegria?

O senso de humor, quando provoca o riso e a alegria, é tido geralmente como condizente com o bem-estar subjetivo. O humor, ao lado da criatividade, e a tolerância à ambiguidade têm sido positivamente correlacionados ao bem-estar subjetivo[1]. Em verdade, existem tanto instâncias de humor correlacionadas ao bem-estar subjetivo e emoções positivas como alegria e amizade, que fortalecem laços sociais, quanto instâncias correlacionadas a emoções negativas como hostilidade e desprezo, que desgastam as relações sociais. Daí a ideia de se distinguir os *estilos de humor*, enumerando características e diferenças, para através da pesquisa empírica correlacioná-los positiva ou negativamente aos estados de bem-estar subjetivo.

Uma distinção já havia sido feita pelo próprio Freud, em um ensaio sobre o chiste, no qual o fundador da psicanálise diferencia algumas tendências no senso de humor através das reações do ouvinte, partindo de um humor inofensivo, passando por humor hostil e obsceno, tendencioso, de revolta contra autoridade, de autocrítica, humor cético[2]. A ausência de tendência caracteriza um humor *inofensivo*, ou neutro, feito de um trocadilho ou paradoxo oriundo de um jogo de palavras, que causa prazer à audiência sem ofender ninguém. O humor de *tendência hostil e obsceno* serve a uma agressão ou defesa, sendo obsceno quando significa, segundo Freud, uma agressão sexual. O humor *tendencioso* demanda pelo menos três pessoas: a que produz o humor, a que é o objeto da agressão e a terceira, que supostamente terá prazer em ouvi-lo. O humor de *revolta contra a autoridade* serve de arma de ataque ou de defesa contra os superiores, investidos de autoridade. O *humor autocrítico* e o *humor cético* são duas outras tendências classificadas por Freud, que então pergunta: se é verdade que o prazer oferecido pelo senso de humor depende tanto de sua técnica como de sua tendência, em que ponto essas duas fontes de prazer podem convergir?

---

1   Cf. S. Bok, *Exploring Happiness: From Aristotle to Brain Science*.
2   Cf. The Tendencies of Wit, em *The Basic Writings of Sigmund Freud*. O texto foi publicado em *O Chiste e Sua Relação Com o Inconsciente* (1905).

Estilos de humor

Os estilos de humor, ou suas formas de expressão, caracterizam os indivíduos porque são relativamente estáveis para cada pessoa, descontando-se as pequenas variações devido ao contexto e as circunstâncias. Isso significa que as pessoas são constantes nos seus estilos de humor e assim os estilos podem ser considerados traços individuais de caráter.

Questionário de estilo de humor

Existem várias classificações e alguns questionários destinados a avaliar as características dos estilos de humor. Um dos questionários mais conhecidos é o Human Styles Questionnaire (HSQ), de R.A. Martin e colaboradores, com 32 itens divididos em quatro subescalas de oito itens cada uma[3]. As escalas aferem quatro estilos de humor: associativo (*affiliative*), de autodesenvolvimento (*self enhancing*), agressivo (*agressive*) e autoderrotista (*self defeating*).

A partir dessa classificação constrói-se um questionário para identificar o estilo de humor da pessoa que o preencheu. Numa escala Likert de 5 a 7 pontos, a pessoa atribui seu grau de concordância a cada item. Exemplo:

Se me sinto chateado e infeliz, usualmente tento pensar em algo engraçado acerca da situação para me sentir melhor.

Muito raramente	Raramente	Às vezes	Frequentemente	Quase sempre
1	2	3	4	5

Como vimos, o humor pode desencadear emoções positivas como a alegria ou negativas como o ressentimento, portanto, pode melhorar ou piorar as relações humanas.

ASSOCIATIVO. Benevolente e enaltecedor, esse estilo de humor quebra tensões, não é ofensivo a nenhuma pessoa presente e geralmente causa

---

3   Cf. Individual Differences in Uses of Humor and their Relations to Psychological Well-Being: Development of the Human Styles Questionnaire, *Journal of Research in Personality*, v. 37. O questionário encontra-se *online*. Ao respondê-lo, é possível receber o respectivo resultado, indicando o estilo individual de cada respondente.

um riso solto e espontâneo, possibilitando um clima descontraído e, por conseguinte, melhorando o clima emocional entre as pessoas. O indivíduo com alto grau de humor associativo inicia e agrega amizades, e tem menos probabilidade de manifestar sintomas de depressão. Numa reunião de trabalho, o humor associativo facilita a coesão do grupo e promove a criatividade. É geralmente associado a boa autoestima, bem-estar subjetivo psicológico, estabilidade emocional e intimidade social. Em geral, os indivíduos que têm essa característica são extrovertidos. Os itens do HSQ que aferem esse tipo de humor podem ser: "Frequentemente conto piadas quando estou com amigos."

AUTODESENVOLVIMENTO. Os indivíduos com tal estilo de humor geralmente têm boa atitude com os eventos da vida. Têm a capacidade de rir de si mesmos, encarar as contingências da existência de um modo construtivo e não pessimista. Esse tipo de humor faz com que as pessoas vejam o lado brilhante das situações menos favoráveis e mantenham uma atitude positiva mesmo nos períodos desfavoráveis. Associa-se a uma série de características psicológicas e físicas. Exemplos de itens do HSQ correlatos a esse tipo de humor são:

> Quando estou desanimado ou infeliz, usualmente tento pensar em algo engraçado acerca da situação para me fazer sentir melhor.
>
> Quando estou só, frequentemente me divirto com os absurdos da vida.

HUMOR AGRESSIVO. Esse estilo pode ser ofensivo aos outros. É um humor sarcástico, crítico, inoportuno e pode expor as pessoas ao ridículo. Preconceitos contra raças, nacionalidades e minorias às vezes são exibidos em anedotas que talvez até sejam engraçadas para terceiros, mas ofendem seus alvos. O humor agressivo é correlato a um alto grau de neuroticismo. As pessoas que exibem padrões de humor agressivo tendem a mostrar, em testes de personalidade, altos níveis de hostilidade e agressão. Em geral, os homens usam mais o humor agressivo do que as mulheres. Exemplos de itens do HSQ relativos a esse tipo de humor:

> Em geral, não me preocupo como os outros aceitam quando conto piadas ou digo coisas engraçadas.
>
> As pessoas nunca se ofendem com meu senso de humor. (Leitura inversa.)

HUMOR AUTODERROTISTA. Dirige o humor para gozar a si mesmo, com a finalidade de ganhar a aprovação dos outros à custa de si próprio, busca agradar aos outros à custa de se oferecer como objeto jocoso. Possivelmente, é uma forma de negação na qual o humor é usado como um mecanismo de defesa para ocultar sentimentos autonegativos. As pessoas que utilizam esse tipo de humor costumam sofrer de depressão, ansiedade e sintomas psiquiátricos. Tal tipo de humor é associado a baixa autoestima e baixo bem-estar subjetivo psicológico. É um estilo mais frequente em homens do que em mulheres. Exemplos de itens autoderrotistas incluídos no HSQ são:

> Frequentemente tento fazer as pessoas me apreciarem ou me aceitarem mais dizendo alguma coisa acerca de minhas fraquezas, asneiras e faltas.
>
> Quando tenho problemas ou me sinto infeliz, frequentemente disfarço contando piadas de forma que mesmo meus amigos mais próximos não ficam sabendo como eu realmente me sinto.

A classificação dos estilos de humor e suas combinações permite identificar quais são correlatas a emoções positivas e ao bem-estar subjetivo, e quais são associadas a emoções negativas, sintomas de depressão etc. De forma geral, o humor parece facilitar o bem-estar subjetivo psicológico e a saúde, além de amortecer o impacto dos eventos estressantes[4].

O HUMOR ASSOCIATIVO foi relacionado positivamente com as medidas de bem-estar subjetivo e de autoestima, e negativamente associado com ansiedade e depressão. O *humor de autodesenvolvimento* foi positivamente associado ao otimismo e o humor agressivo foi associado à agressão e hostilidade, mas não ao bem ou ao mal-estar[5].

---

4 J.A. Thorson et al., Psychological Health and Sense of Humor, *Journal of Clinical Psychology*, v. 53, n. 6.
5 R.A. Martin et al., op. cit.

Idade

Após fazer uma revisão dos dados disponíveis em 1967, época da publicação de seu artigo, Warner Wilson concluiu que uma pessoa feliz seria "jovem, saudável, bem-educada, bem paga, extrovertida, otimista, livre de preocupações, religiosa, casada, alta autoestima, boa conceituação no trabalho e modestas aspirações tanto no trabalho quanto na inteligência"[1]. Diener e Suh, em 1998, examinaram a relação entre a idade e a felicidade numa pesquisa que incluiu amostras probabilísticas com cerca de sessenta mil adultos de quarenta países[2]. A satisfação com a vida exibiu um leve aumento dos vinte aos oitenta anos. Essa mudança da perspectiva de Wilson (para quem a pessoa feliz é necessariamente jovem) pode ter sido causada por diversos fatores que variaram entre 1967 e 1998: descobertas na medicina, maior participação das pessoas mais velhas em várias atividades culturais e físicas, menor marginalização dos idosos ou, ainda, maior adaptação das pessoas ao que se chama hoje de "melhor idade".

---

1 Cf. Correlates of Avowed Happiness, *Psychological Bulletin*, v. 67.
2 Cf. Age and Subjective Well-Being: An International Analysis, *Annual Review of Gerontology and Geriatrics*, v. 17.

Um estudo conduzido por Blanchflower e Oswald em 2008 concluiu que, mantendo-se os outros fatores constantes, a felicidade atinge o mínimo em torno dos quarenta anos de idade e em seguida aumenta, completando uma curva em forma de U[3]. Isso é generalizado para pessoas nos Estados Unidos e na Europa ocidental, com algumas exceções (é o que mostra a ilustração no início deste verbete). Essa conclusão foi confirmada por vários outros autores[4] e a curva em U foi então popularizada pela mídia. Todavia, alguns autores rejeitaram esse perfil para representar a variação da felicidade em relação à idade, alertando que as pesquisas consultam a totalidade da população, representada por amostras significativas, e mostrando que a tendência para a média da população em geral é a felicidade crescer a partir dos dezoito anos até a meia-idade e decrescer continuamente daí em diante até o final da vida[5].

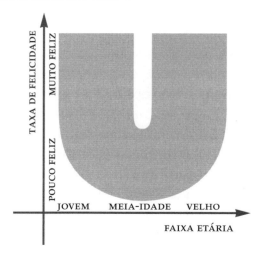

Um grupo efetuou pesquisas mais pontuais sobre essa questão, buscando verificar se certos itens identificados anteriormente – como qualidade da rede social, saúde autorrelatada, sintomas de depressão, controle, viuvez, satisfação financeira, traços de personalidade como extroversão ou neuroticismo[6] – podem prever uma mudança

---

3 Cf. Is Well-Being U-Shaped over the Life Cycle? *Social Science & Medicine*, v. 66.
4 Cf. M.J. Sirgy, *The Psychology of Quality of Life*.
5 Cf. R.A. Easterlin, Life Cycle Happiness and Its Sources: Intersections of Psychology, Economics, and Demography, *Journal of Economic Psychology*, v. 27.
6 É a tendência para experimentar emoções negativas, como raiva, ansiedade ou depressão. Por vezes é chamada de instabilidade emocional.

na satisfação com a vida[7]. Os dados foram colhidos em quatro ocasiões ao longo de seis anos, com indivíduos com mais de oitenta anos.

Os participantes eram pares de gêmeos de oitenta ou mais anos vivendo na Suécia. As conclusões do estudo indicaram que a satisfação com a vida diminuiu nesse período de seis anos. Um dos fatores para essa diminuição foi a viuvez, que afetou mais aos homens do que às mulheres. Isso, segundo os autores, seria devido aos diferentes papéis de pessoas nascidas na primeira parte do século xx (lembrando que o início da pesquisa foi em 1991 e a idade mínima dos participantes era de 81 anos). Os recursos financeiros não foram um importante fator responsável pelo declínio da satisfação com a vida. Ainda na interpretação dos autores do estudo, as pessoas desse segmento etário ajustam seus desejos e necessidades a uma renda menor. Sintomas de depressão foram associados à diminuição da satisfação com a vida. Os resultados desse estudo são específicos da Suécia e para a idade dos participantes, mais de oitenta anos. São dificilmente generalizáveis. Seria o mesmo com octogenários do Rio de Janeiro? De qualquer forma, esse estudo em escala local não confirma a curva em forma de U, mencionada acima.

Envelhecimento bem-sucedido

O modo como percebemos e sentimos nossa idade depende de alguns fatores internos: saúde, disposição para enfrentar a vida, memória de experiências prévias, condicionamentos etc. Mas depende também do modo como a sociedade nos classifica e enquadra: crianças, jovens, meia-idade, velhos etc. Essas percepções – ou, se quisermos, nossos esquemas mentais – nos são impostas de fora, e as introjetamos desde a infância. Isso é particularmente relevante na velhice.

A palavra "velho" é marcada com os atributos: senil, fraco, sem memória, inteligência diminuída, retrógrado etc. São tantos atributos pejorativos que já substituímos o termo por eufemismos como "pessoa idosa", de "terceira idade", "melhor idade" etc. Se no trânsito uma pessoa de sessenta ou mais anos (conforme a aparência física) comete um deslize, como cortar a passagem de outro veículo, entrar inadvertidamente na contramão, não faltará alguém

---

[7] Cf. A.I. Berg et al., What Matters, and What Matters Most, for Change in Life Satisfaction in the Oldest-Old? A Study Over 6 Years Among Individuals 80+, *Aging and Mental Health*, v. 13, n. 2.

mal-educado a gritar "vai para casa cuidar dos netos, velho". E isso pode ofender mais do que "barbeiro" ou "comprou a carta" – afinal, um mau motorista pode aprender a dirigir melhor e uma carteira de habilitação pode ser obtida por um exame, mas um velho só vai ficar mais velho. Essa percepção interna da velhice é então agravada com a introjeção da imagem que degrada. "O inferno são os outros", como dizia Sartre.

Essa problemática foi estudada por pesquisadores do tema da felicidade e alguns resultados são relatados em um artigo incluído numa enciclopédia sobre a felicidade[8]. A pesquisa mostra que a percepção da velhice é automática, inconsciente e que influencia o comportamento. Alguns estudos com as percepções e estereótipos negativos da velhice podem conduzir a comportamentos alterados: a um grupo de pessoas idosas são expostas imagens estereotipadas de velhos arqueados e tristes; um segundo grupo, também idoso, não vê essas imagens. Em seguida, o primeiro grupo mostra um comportamento alterado, e o segundo, não.

Os estereótipos negativos da velhice estão difundidos em nossas sociedades. Tais estereótipos podem prejudicar até as ações destinadas a facilitar e melhorar a vida das pessoas idosas. Em 1991, a Assembleia Geral das Nações Unidas criou os "Princípios Para as Pessoas Idosas", como uma referência à política internacional destinada a essas pessoas. Os princípios promoviam independência, participação, cuidados, autorrealização e dignidade como legítimos direitos de todas as pessoas idosas.

Ocorre, no entanto, que as chamadas "casas de repouso para idosos", projetadas e organizadas com a melhor das intenções de aumentar o bem-estar subjetivo dos idosos com renda suficiente, podem em certos casos exagerar certas facilidades, que foram destinadas a atender os hóspedes, mas às vezes acabam por estimular a dependência. Em suma, apesar de serem no geral bem-intencionadas, essas instituições podem impedir a autorrealização e os esforços para, na medida do possível, superar a sua dependência. Em verdade, a linha terapêutica mais adequada entre o atendimento da dependência e o estímulo à autossuficiência exige, tanto no caso

---

8   Cf. L.M. Hsu e E.J. Langer, Mindfulness and Cultivating Well-Being in Older Adults, em S. A. David et al. (eds.), *The Oxford Handbook of Happiness*.

da dependência do idoso como no da dependência da criança, um cuidadoso exame[9].

Um estudo publicado *online* mostra algumas conclusões sobre o que se costuma chamar "de envelhecimento bem-sucedido" (ou *successful ageing*, SA)[10]. Esse estudo de caráter qualitativo captou dados e informações às vezes difíceis de se detectar em pesquisas quantitativas baseadas em questionários com perguntas fechadas adaptadas a tais procedimentos. Os estudos de gerontologia têm sido basicamente biomédicos, isto é, lastreados em aspectos fisiológicos e cognitivos – uma perspectiva que geralmente não leva em consideração os aspectos psicossociais do envelhecimento. Através desse e outros estudos, incorporou-se a perspectiva das pessoas leigas sobre o que caracteriza um envelhecimento bem-sucedido. O foco nos aspectos psicossociais foi facilitado e enriquecido pelo agrupamento desses aspectos em fatores: aceitação, ajustamento, manutenção, espiritualidade, comunidade, papéis sociais, qualidade de vida, independência, prevenção e/ou tratamento, autoconsciência, perspectiva e engajamento.

Os componentes da aceitação focam na conformação a certas limitações impostas pela idade. O ajustamento baseia-se na consciência da necessidade de se adaptar às características positivas dos tempos que chegam. A espiritualidade é dirigida a um ente superior ou à conexão com uma força maior que a própria pessoa. Os componentes da comunidade e do papel social são centrados na contribuição para a esfera social e na posição ou função da pessoa nessa esfera. A qualidade de vida se refere à satisfação com a vida. A independência é focada na autonomia. A prevenção e/ou tratamento se refere ao afastamento de fatores ou substâncias prejudiciais ou ao tratamento de suas consequências. A autoconsciência se refere à possibilidade ou à capacidade de perceber a realidade de sua vida, presente e passada. A perspectiva é focada na posse de um olhar positivo para a vida. O engajamento, ou envolvimento, é a participação em várias atividades sociais: políticas, de benemerência etc. Esses estudos concluíram pela prevalência dos fatores psicossociais sobre o modelo biomédico, no processo do envelhecimento bem-sucedido.

---

9 Cf. S. Brownie; L. Horstmanshof, Creating the Conditions for Self-Fulfillment for Aged Care Residents, *Nursing Ethics*, v. 19, n. 6.

10 Cf. T.D. Cosco et al., Lay Perspectives of Successful Ageing: A Systematic Review and Meta-Ethnography, BMJ *Open*, v. 3, n. 6.

Matemática da Felicidade

A matemática da felicidade é como um maiô, um biquíni: mostra o óbvio e esconde o essencial.

rocurando uma definição adequada do termo "felicidade", V.J. Mc Gill verificou a existência de algumas discrepâncias entre as várias definições propostas pelos filósofos e pesquisadores, consequência de diferentes significados que atribuíam ao termo "felicidade". Em busca de um núcleo comum de significado às várias definições, V.J. McGill chegou ao seguinte conceito de felicidade (F): um estado estável em que ocorre a máxima ou aproximadamente máxima relação entre os desejos satisfeitos (Ds) em relação à totalidade dos desejos (Dt). A fórmula matemática da felicidade (*felicific calculus*) seria: $F = Ds/Dt$[1].

Pode-se tentar maximizar o resultado de duas maneiras: aumentando o numerador, isto é, a quantidade de desejos satisfeitos (Ds) ou diminuindo o denominador, isto é, a totalidade dos desejos (Dt). A primeira solução nos conduz

---

[1] Cf. *The Idea of Happiness*.

(notadamente na sociedade consumista) ao paradoxo da ESTEIRA ROLANTE HEDÔNICA. A segunda maneira é a do filósofo estoico ou sábio budista (ver BUDISMO), isto é, diminuindo os desejos. No limite, quando não desejarmos nada, teremos $Dt = 0$ e, portanto, $Ds/Dt = Ds/0 = $ infinito, onde qualquer desejo satisfeito levaria à felicidade infinita. A conclusão, no limite, apesar de possuir a "exatidão" matemática, parece carregar um matiz surrealista.

A ideia de definir e quantificar algo tão subjetivo e intangível como a felicidade ocorreu a autores como Francis Hutcheson, Jeremy Bentham (o propugnador da filosofia utilitarista) e William James, influente psicólogo e filósofo, adepto, juntamente com Pierce, da filosofia pragmatista.

Hutcheson (1694-1746), em *Inquiry into the Original of Our Ideas of Beauty and Virtue*, de 1725, definiu os conceitos de benevolência (B), o desejo de espalhar a felicidade a outras pessoas; habilidade (H); autoestima (AE); interesse (I) e momento benéfico (M), com os quais formulou a expressão:

$$M = (B + AE) \times H = BA + AEA^2$$

Bentham (1748-1832) dizia que "a natureza tinha colocado a humanidade sob o domínio de dois senhores, a dor e o prazer"[3], e todas as leis e princípios de moral deveriam ter por finalidade maximizar o prazer e minimizar a dor. Considerando que a causa do prazer de uma pessoa ou grupo de pessoas pode ser também a causa de dor para outra pessoa ou grupo de pessoas, Bentham formulou o seu princípio básico da ação humana: "a maior felicidade para o maior número de pessoas", com isso transformando a produção da felicidade de um hedonismo individual para um hedonismo social. O valor dessa ação poderia ser avaliado pelo cálculo da felicidade (*felicific calculus*), o algoritmo formulado por Bentham para aferir o grau ou quantidade de prazer que uma ação específica pode causar. Esse algoritmo depende de algumas variáveis:

1. a ocorrência do prazer;
2. o tempo decorrido entre a ação e a ocorrência do prazer;

2 Apud D.M. Mc Mahon, *Happiness: A History*, p. 213.
3 Apud T. Honderich (ed.), *The Oxford Companion to Philosophy*, p. 88.

3. a fecundidade, isto é, a probabilidade de que a ação seja seguida por mais sensações da mesma natureza;
4. a pureza, ou seja, a probabilidade de que a ação seja seguida por sensações de natureza oposta;
5. a extensão, que é a quantidade de pessoas que serão afetadas.

Para aferir a tendência geral de qualquer ato que afeta os interesses de alguém, proceda como segue: comece com qualquer pessoa cujos interesses parecem imediatamente afetados e leve em conta:

1. O valor de cada prazer que aparentemente foi produzido em primeiro lugar.
2. O valor de cada dor que aparentemente foi produzida em primeiro lugar.
3. O valor de cada prazer que aparentemente foi produzido após o primeiro: isso constitui a fecundidade do primeiro prazer e a impureza da primeira dor.
4. Some todos os valores de todos os prazeres de um lado e os de todas as dores de outro. Um peso maior no lado do prazer dará a boa tendência do ato com respeito aos interesses desse indivíduo; se do lado da dor, a má tendência da dor.
5. Tome em consideração o número de pessoas cujos interesses parecem ser coincidentes; repita o processo com cada uma delas. Some os números que expressam o grau de tendência boa que a ação tem com respeito a cada indivíduo. Repita em relação à má tendência. Faça um balanço. O resultado maior do lado do prazer mostrará a tendência geral do ato com respeito à totalidade dos indivíduos concernentes; do lado da dor, a má tendência com relação à mesma comunidade.

Bentham chegou mesmo a denominar as unidades de prazer de *hedons*, e as de dor, de *dolors*.

Ao que se sabe, não ficou registrado nenhum experimento com o "protocolo" acima que Bentham porventura tivesse realizado.

William James (1842-1910), psicólogo e adepto da filosofia pragmática, havia definido não a felicidade, mas a autoestima (AE) como a razão entre os sucessos (S) e as supostas pretensões (P) de uma pessoa. Assim sendo, $AE = S/P$. Poderemos então aumentar a autoestima tanto aumentando nossas realizações ou sucessos quanto diminuindo nossas pretensões[4]. As duas alternativas, no limite, equivalem, respectivamente, ao já mencionado fenômeno da ESTEIRA ROLANTE HEDÔNICA ou à solução do monge budista ou do filósofo estoico. Segundo James, desistir das pretensões dá um abençoado alívio tanto como vê-las realizadas.

No 3º Congresso Internacional de Cibernética, realizado em 1961 na cidade de Namur, na Bélgica, Ali Irtem apresenta um artigo com uma definição e uma maneira de medir a felicidade, a definição sugerida é: a quantidade de felicidade F é o quociente de tudo o que obtivemos (Ob) num considerado momento (t_1) e tudo o que desejamos (D) consciente ou inconscientemente no mesmo momento. Reduzindo isso a uma fórmula, temos: $F = Ob(t_1)/D(t_1)$.[5]

Nessa fórmula, verificamos que um aumento da felicidade implica em conhecer as funções $Ob(t)$ e $D(t)$ para determinarmos sua quantidade da variação no decorrer do tempo[6]. Como ocorre muitas vezes, a aparente exatidão de uma fórmula matemática desaparece quando tentamos colocá-la em prática. No caso, o que temos ou obtivemos para a felicidade comporta várias dimensões: saúde, bens materiais, *status*, realizações pessoais, capital social e capital psicológico etc. Cada um de nós pode, por sua vez, valorizar diferentemente cada uma dessas dimensões. Como integrá-las numa só fórmula?

Com essas dificuldades para estudar a felicidade matematicamente, o tema foi deixado aos filósofos, poetas e escritores, e só nas últimas cinco décadas retornou à economia, psicologia e sociologia. A partir de 1968, a explosão de estudos e pesquisas foi impressionante: quatro mil livros até 2012 e dezenas de milhares de artigos em revistas especializadas.

---

4   W. James, *The Principles of Psychology*, p. 200.

5   Cf. Happiness Amplified Cybernetically, *Proceedings...*

6   Em linguagem matemática, isso equivale ao quociente das derivadas das funções (Ob)t e (D)t, isto é: $F(t) = d(Ob)t/d(D)t$. Isso significa que, se a quantidade de felicidade num dado instante to for F(to), a equação da felicidade para qualquer instante subsequente é determinada pela fórmula acima. A "pequena" dificuldade é, obviamente, determinar as funções (O)t e (D)t. Outra dificuldade é que as funções (O)t e D(t) não são independentes entre si: o que desejamos depende também do que já temos. O caminho analítico para a quantificação da felicidade é, portanto, inviável. A via escolhida foi sintética. Formula-se um questionário com algumas alternativas e a pessoa faz um autorrelato, informando se é muito feliz, mais ou menos feliz ou pouco feliz. A resposta integra por si, dentro de sua equação pessoal, as várias dimensões da felicidade. Podemos então comparar as pessoas segundo seu grau de felicidade autorrelatado. Veremos mais adiante a VALIDADE e a CONFIABILIDADE, bem como as limitações desse procedimento.

Como sempre, a constituição de uma ciência nova demanda a criação de conceitos novos. No caso da ciência da felicidade, vários conceitos foram emprestados da filosofia, da economia, da sociologia e da psicologia, mas agora com sentido específico. Outros conceitos foram criados especificamente para essa nova ciência.

Os conceitos utilizados pela ciência necessitam, por sua vez, ser ordenados ordinal ou cardinalmente, isto é, quantificados com menor ou maior precisão, para que os resultados das observações possam ser comparados entre si[7].

---

[7] A quantificação é sempre uma redução. As laranjas, até as da mesma variedade, diferem individualmente umas das outras. A sua comercialização desde a colheita, a distribuição e o seu consumo no varejo demandam uma redução de suas características individuais a um atributo essencial, no caso, o peso.

Medida da Felicidade

m julho de 2011, a Assembleia Geral das Nações Unidas aprovou uma resolução em que convidava os países-membros a medirem a felicidade de seus habitantes e orientarem suas respectivas POLÍTICAS PÚBLICAS conforme o resultado. Em 2013, a OCDE estabeleceu um modelo internacional para a medida da felicidade, o Índice Para uma Vida Melhor (Better Life Index).

A primeira dificuldade para a adoção de um conceito internacionalmente válido e comparável de felicidade é que esse termo não tem o mesmo significado nem para todas as pessoas nem para todas as culturas e línguas. Assim, se cada pessoa responder o quanto é feliz (qualquer que seja o significado subjetivo para ela do termo), será possível calcular, em uma amostra representativa, os parâmetros estatísticos dessa grandeza (ou dessa resposta), mas não será possível saber o que isso significa.

Poderemos afirmar que o grau médio de felicidade da população de uma cidade, numa escala de 1 a 10, é de 7,48; que o grau médio da cidade vizinha é de 6,95, e assim por diante. Com esse procedimento conseguiremos, tendo em mãos os questionários apropriados, comparar o grau de felicidade de várias regiões, países etc. mesmo que a palavra "felicidade" não tenha exatamente o mesmo significado para cada respondente ao questionário apresentado.

A rigor, tudo se passa como se o resultado fosse equivalente ao sentimento de felicidade representado pela palavra "felicidade". Na realidade, o grau de felicidade de um indivíduo expresso por sua resposta verbal poderá ser apoiado objetivamente em alguma medida como opinião de familiares, amigos etc.; ou em sinais corporais, expressões do rosto e até pela atividade cerebral nos lobos frontais, apropriadamente medida por eletroencefalograma. Todavia, o que pode ter viabilidade ao nível individual é inviável em uma enquete com milhões de respostas. Com o procedimento seria possível conferir a veracidade de cada relato individual, mas não seria possível conceituar o significado do termo "felicidade" de cada depoimento nem comparar os resultados internacionalmente.

Como, no entanto, a avaliação da felicidade reside na subjetividade de cada respondente e o termo é muito rico em conotações culturais ou mesmo históricas, encontrou-se um equivalente razoável para "felicidade" em "bem-estar subjetivo", que estimula uma resposta mais imediata. Assim, se cada pessoa responder qual o seu grau de felicidade, ou bem-estar subjetivo, será viável calcular, com uma amostra estatisticamente representativa, os parâmetros estatísticos dessa grandeza (como média, desvio padrão etc.) válidos para toda uma população.

A diferença desse cálculo da felicidade com o cálculo de uma grandeza como a pressão arterial, por exemplo, é que a última possui uma referência objetiva externa: existe mais de um aparelho que mede a pressão arterial com objetividade. Já a felicidade (ou bem-estar subjetivo, como quisermos chamá-la), onde seria visível objetivamente? No caso da felicidade, é necessário nos contentarmos ou conformarmos com a soma das felicidades, o que quer que signifiquem para cada um. Teremos no final uma felicidade média para tal grupo de pessoas, um resultado claramente insuficiente para um objetivo prático.

Um procedimento viável é realizar um estudo experimental com uma amostra estatisticamente significativa para verificar a correlação do grau de felicidade do grupo com algum fator. Assim, se em uma população experimental 20% apresentarem um grau de felicidade superior aos 80% restantes e, no mesmo questionário, apresentarem uma renda também superior, poderemos inferir que, qualquer que seja o significado atribuído ao termo por essa população, a renda vem positivamente correlacionada à felicidade. No entanto, não se pode saber com esse estudo, além da correlação, a causalidade, isto é, se, no caso, a felicidade causa a renda ou o inverso.

Pode-se repetir essa investigação com outros fatores demográficos. Diener e colaboradores fizeram um levantamento de estudos de correlação, durante o período de 1960 a 1990, entre o bem-estar subjetivo e diversos fatores demográficos como: idade, sexo, renda, educação e estado conjugal[1]. Desde 1990, os resultados dessas pesquisas têm sido ampliados. Tais resultados são apresentados em vários verbetes deste livro.

A felicidade e o bem-estar subjetivo são dois constructos considerados equivalentes na medição da felicidade. Não obstante, como já foi mencionado, o bem-estar subjetivo é considerado mais adequado para a utilização nas enquetes por conter menor grau de ambiguidade semântica que felicidade.

De qualquer modo, tanto o construto felicidade como o bem-estar subjetivo abrigam dimensões distintas que devem ser aferidas separadamente. Uma primeira dimensão emocional é aferida pelos *afetos positivos* (alegria, contentamento etc.) e *negativos* (tristeza, raiva etc.). Uma segunda dimensão é aferida pelo construto *satisfação com a vida*, que atende a uma dimensão cognitiva da felicidade: sua resposta estimula uma comparação, com uma satisfação seja com a vida idealizada, seja com a vida ótima ocorrida no passado e recuperada pela memória. Uma terceira dimensão é a da eudaimonia.

Uma coleta de informações sobre o bem-estar subjetivo em nível nacional demanda um levantamento de dados fornecidos pela população por intermédio de um instrumento adequado a ser operado por parâmetros estatísticos. Esse instrumento pode ser um questionário com as respostas graduadas numa escala de 5, 7 ou 10 pontos.

Como as necessidades dos usuários das medidas da felicidade podem variar, a OCDE organizou as questões dos questionários em seis módulos, apresentados em seu *Guidelines on Measurement Subjective Well-Being*. O módulo A, o mais básico, afere as três dimensões mencionadas: os afetos, a satisfação com a vida e a eudaimonia. Esse

---

[1] Cf. Subjective Well-Being: Three Decades of Progress, *Psychological Bulletin*, v. 125, n. 2.

módulo vem sendo utilizado internacionalmente como instrumento comparativo entre os diversos países.

Módulo A das diretrizes OCDE

Medida primária

A questão que segue pergunta o quanto você se sente satisfeito com a vida, em uma escala de 1 a 10, na qual zero significa "nada satisfeito" e 10 significa "totalmente satisfeito".

A_1 Em geral, o quanto você está satisfeito com a vida nestes dias? (0-10)

Medidas adicionais

A questão que segue pergunta o quanto valem a pena as coisas que você faz na sua vida, em uma escala de 0 a 10, na qual zero significa que as coisas que você faz na vida não valem nada, 10 significa que são absolutamente valiosas.

A_2 No conjunto, em que medida você sente que as coisas que você faz na vida são valiosas? (0-10)

As questões que seguem se referem a como você se sentiu ontem numa escala de 0 a 10, na qual zero significa que você não sentiu nada do sentimento e 10 que você sentiu "todo o tempo ontem".

A_3 Felicidade
A_4 Preocupação
A_5 Depressão

O módulo A, cujo preenchimento integral não leva mais de dois minutos, contém medidas nucleares do bem-estar subjetivo, para as quais a comparação internacional tem maior prioridade. Os usuários são encorajados a utilizar esse módulo integralmente, não obstante a primeira questão A_1 ser a mais relevante porque representa o mínimo absoluto como item de pesquisa. Os seus resultados apresentam boa evidência de validade e relevância; inclusive são melhor compreendidos. A primeira questão, a medida primária sobre a satisfação com a vida, foi incluída em outras três enquetes internacionais: WVS[2], BHPS[3] e SOEP[4].

---

2   WVS, ou World Values Survey, foi fundada em 1981 na Suécia. Consiste em um projeto de pesquisa global que levanta as crenças e valores, suas mudanças com o passar do tempo e o impacto provocado. A WVS é a única fonte de dados empíricos a abranger cerca de 90% da população mundial.

3   BHPS, ou British Household Panel Survey, opera no Instituto de Pesquisa Social e Econômica na Universidade de Essex. Uma amostra de lares britânicos foi escolhida e entrevistada pela primeira vez em 1991. O projeto teve seguimento com entrevistas anuais. Esse estudo longitudinal tem sido muito citado por suas análises quantitativas de mudanças sociais e econômicas.

4   SOEP, ou The German Socio-Economic Panel, também é um estudo longitudinal de lares. Iniciado em 1984, entrevista anualmente os membros adultos desses lares. Alguns dos tópicos pesquisados incluem a composição do lar, ocupação, emprego, renda, saúde e satisfação com a vida. As pesquisas anuais são conduzidas pelo DIV, de Berlim, ou German Institute of Economic Research.

Os três outros módulos referem-se aos conceitos de satisfação com a vida, afetos e eudaimonia em mais profundidade. Cada módulo contém escalas de múltiplos itens com questões separadas e medidas de subdimensões de cada conceito[5].

As questões sobre felicidade, bem-estar subjetivo e satisfação com a vida são agora rotineiramente incluídas em pesquisas globais baseadas em autorrelatos[6]. Os resultados das pesquisas revelam diferenças entre os vários países: os países mais felizes são os escandinavos, seguidos pela Inglaterra, Estados Unidos, Canadá e Austrália. Os menos felizes parecem ser alguns países africanos e asiáticos. Os países sul-americanos, entre eles o Brasil, ocupam o meio de campo. O bem-estar subjetivo tem se mantido constante durante os últimos anos, com algumas exceções como Rússia, Hungria e Bélgica, que sofreram sensíveis reduções[7].

Nos dados do World Value Survey (wvs) encontra-se uma variação de 19% na satisfação com a vida entre os países[8]. As diferenças regionais, o PIB, o índice de desenvolvimento humano e a sustentabilidade do meio ambiente podem dar conta de alguma variação. Contudo, um terço desses 19% ficou sem explicação.

---

5 Cf. M. Durand; C. Smith, The OECD Approach to Measuring Subjective Well-Being, em J. Helliwell et al. (eds.), *World Happiness Report 2013*.

6 Cf. M.J. Sirgy, *The Psychology of Quality of Life*.

7 M. Durand; C. Smith, op. cit.

8 A.N. Bonini, Cross-National Variation in Life Satisfaction: Effects of National Wealth, Human Development, and Environmental Conditions, *Social Indicators Research*, v. 87, n. 2.

Motivações Extrínsecas e Intrínsecas

a linguagem corrente, "estar motivado" significa estar inclinado para, ter vontade de agir em alguma direção. Uma pessoa com pouca ou nenhuma motivação, uma pessoa apática, não dispõe de impulso para agir em nenhuma direção. Uma preocupação constante do professor é motivar o aluno a estudar e realizar os deveres; as organizações buscam motivar seus funcionários a cumprirem suas respectivas tarefas etc. Nada mais desanimador do que um aluno ou um profissional tomado pela apatia. A ausência contínua de motivação, conforme os psiquiatras, é uma das características da depressão[1].

A motivação varia em intensidade e em modalidade, ou orientação. A **teoria da autodeterminação** (TAD)[2] discrimina vários tipos de motivação, conforme as razões e os objetivos que dão origem a uma ação. A distinção básica

---

[1] D.D. Burns, *Feeling Good*, p. 20.
[2] Cf. R.M. Ryan; E.L. Deci, Intrinsic and Extrinsic Motivations: Classic Definitions and New Directions, *Contemporary Educational Psychology*, v. 25, n.l..

é entre a motivação intrínseca e a extrínseca. A **motivação intrínseca**, ou interna, se refere à realização de alguma atividade sem outra finalidade que a própria atividade; é acompanhada por sentimentos de interesse, alegria, satisfação e diversão, tem origem em um interesse ou prazer próprio e individual. A **motivação extrínseca**, ou externa, corresponde à realização de uma atividade cujo objetivo é separado da própria atividade.

O fundamento da TAD é o postulado de que todas as pessoas requerem certas condições básicas para viver, ou funcionar, de maneira saudável e integrada. Especificamente, a satisfação de três necessidades psicológicas básicas: a *necessidade de autonomia*, que se refere a um comportamento desenvolvido com sentido de escolha própria, vontade e autoafirmação; a *necessidade de competência*, que se refere a experiências de efetividade e excelência nas interações com o meio físico e social; finalmente, a *necessidade de relacionamento*, que se refere à experiência de conexões sociais que sejam profundas, significativas e mutuamente solidárias[3].

A motivação interna geralmente é mais valorizada que a externa, porque se mostra mais correlata à autonomia e porque estimula a criatividade e o BEM-ESTAR SUBJETIVO, por meio da autonomia, da competência e do relacionamento. Na realidade, a motivação, em grande parte dos casos, apresenta-se como mista; assim, um profissional liberal, médico, engenheiro, advogado ou outro, pode trabalhar por motivação interna, pelo prazer de exercer sua atividade com competência, mas ao mesmo tempo, para exercê-la no mercado, mediante remuneração, precisa obedecer a normas legais, éticas e corporativas, que são constrições externas necessárias. Há, portanto, um caráter individualista hedônico e também um caráter eudaimônico na motivação intrínseca, e ambos são matizados pelas constrições externas, que podem ser parciais ou totalmente introjetadas (ver HEDONIA E EUDAIMONIA).

A aferição da motivação intrínseca pode ser feita com o termo "livre escolha", utilizado em testes comportamentais expressamente desenhados para essa finalidade, e também por autorrelatos sobre

---

3   Cf. C.P. Niemiec; R.M. Ryan, What Makes for a Life Well Lived? Autonomy and its Relation to Full Funcioning and Organismic Wellness, em S.A. David et al. (eds.), *The Oxford Handbook of Happiness*.

interesse, deleite etc. por uma atividade em si, independentemente de sua finalidade ou objetivo[4].

A motivação interna pode ser facilitada por algumas capacidades associadas a um componente inato, como o ouvido absoluto no caso da música, a habilidade para desenhar, a de executar operações matemáticas, a destreza em certas tarefas etc. Esses dons, se respeitados e estimulados, podem induzir o desenvolvimento de uma competência técnica. As motivações intrínsecas podem, de um lado, ser estimuladas ou, de outro, reprimidas pelos processos educativos e didáticos. Disso decorre a importância do estímulo e respeito às motivações internas por parte de pais e educadores em geral. A substituição das chamadas teorias da administração científica (taylorismo ou fordismo) pela teoria das relações humanas ocorreu, nas teorias das organizações, após os experimentos de Elton Mayo[5], há mais de oitenta anos. Por esses experimentos, ficou evidenciada a maior satisfação e produtividade dos funcionários quando se substituía uma motivação totalmente extrínseca, representada pelo salário (no taylorismo), por outra que oferecia uma melhoria das condições físicas e psicológicas no local de trabalho, que, por sua vez, favoreciam O BEM-ESTAR SUBJETIVO.

O significado da autonomia em contraste com o controle para o favorecimento da motivação intrínseca tem sido observado em estudos de salas de aula, em que a curiosidade e o interesse dos alunos são estimulados pela diminuição do controle[6]. Os estudantes supercontrolados não apenas perdem a iniciativa como ainda aprendem menos, especialmente quando o aprendizado é complexo ou requer um processo criativo[7].

Isso nos remete a nosso sistema nacional de avaliação de pesquisas científicas, em algumas áreas em que a produção é aferida pela

---

4   Cf. R.M. Ryan; E.L. Deci, op. cit.
5   Na terceira década do século XX e em parte como reação às teorias de administração científica de Taylor, surgiu a chamada teoria das relações humanas. Seu primeiro formulador, Elton Mayo, baseou-se na "experiência de Hawthorne", que deu origem ao efeito do mesmo nome. Essa teoria, ao contrário da teoria da administração científica, valorizava a comunicação informal em vez da formal e propunha que a motivação principal do trabalhador poderia não ser o salário; ver E. Mayo, *The Social Problems of Industrial Civilization*.
6   Cf. R.M. Ryan; E.L. Deci, Self-Determination Theory and the Facilitation of Intrinsic Motivation, Social Development, and Well-Being, *American Psychologist*, v. 55, n. 1.
7   Cf. C.A. Benware; E.L. Deci, Quality of Learning With an Active versus Passive Motivation Set, *American Educational Research Journal*, v. 21, n. 4.

quantidade de artigos publicados e não por sua qualidade. Os pesquisadores, para serem bem avaliados, em geral atribuem uma importância maior à quantidade que à qualidade das suas publicações. Isso é evidenciado pelas estatísticas internacionais, em que a quantidade de publicações científicas de nosso país tem uma posição no *ranking* bem melhor que a da sua qualidade, medida pelo número de citações[8].

As motivações extrínseca e intrínseca são, como vimos, mutuamente exclusivas e, na maioria dos casos, mesclam-se em proporções variadas. A motivação intrínseca "pura" é a menos frequente. Para facilitar a normalização das modalidades de motivação, a TAD oferece o quadro adiante[9], no qual, da esquerda para a direita, há quatro modalidades de motivação extrínseca com crescente grau de autonomia. Isso ocorre porque há um grau crescente de internalização e integração das normas externas de regulação. A *internalização* é o processo de assimilação dos valores da regulação e a *integração* ocorre quando os indivíduos transformam a assimilação a ponto de percebê-la como emanada do próprio ego. A *imotivação* é a falta de vontade de agir; corresponde à falta de capacitação para exercer a ação ou para acreditar que a ação conseguirá atingir os objetivos propostos.

Imediatamente à direita da imotivação, há uma categoria que representa a menos autônoma das motivações intrínsecas, a chamada *regulação externa*, em que o comportamento busca satisfazer uma demanda externa para obter uma recompensa. É o que se denomina comumente como trabalho alienado, atrelado apenas ao salário. No ensino, os estudantes executam apenas as tarefas determinadas por seus professores, que têm o poder de atribuir notas e aprovar ou reprovar; as ações dos estudantes também não são autoestimuladas pelo aprendizado em si.

A modalidade seguinte é a *regulação introjetada*, que se baseia na pressão interna para evitar a culpa ou a vergonha. Os indivíduos passam a internalizar suas razões para a ação. Prêmios ou sanções pelo cumprimento (ou não) das tarefas são impostos pelo próprio

---

8   Cf. E.B. Loose; M. Del Vecchio de Lima, A Comunicação Científica Sob a Ótica de Isaac Epstein, *Ação Midiática – Estudos em Comunicação, Sociedade e Cultura*, n. 7.

9   Cf. R.M. Ryan; J.P. Connell, Perceived Locus of Causality and Internalization: Examining Reasons for Acting in Two Domains, *Journal of Personality and Social Psychology*, v. 57, n. 5.

indivíduo, através da autoestima ou da culpa por não cumprir as tarefas. O terceiro tipo, a *regulação identificada*, ocorre quando o comportamento é avaliado ou percebido como escolhido pela própria pessoa. Nesse aspecto, pode ser considerado como motivado intrinsecamente; num segundo sentido, tem uma motivação extrínseca porque a atividade não é feita por si mesma, mas é um instrumento para atingir outra finalidade. Um exemplo é o da pessoa que aprende uma língua estrangeira para ser um tradutor profissional.

O quarto tipo de motivação, a *regulação integrada*, ocorre quando as regulações identificadas foram totalmente assimiladas pelo ego. Contudo, ainda conserva um aspecto extrínseco, que é o seu caráter instrumental. Na extremidade direita está a motivação intrínseca, que é o protótipo da atividade inteiramente autodeterminada e sem outro objetivo que a realização da própria atividade.

MODALIDADES DE MOTIVAÇÃO			
Motivação	Imotivação	Motivação extrínseca	Motivação intrínseca
Regulação	Não regulado (externa)	(Introjetada) (Identificada)	(Integrada) (Intrínseca)
Causalidade percebida	Impessoal	Externa	Interna
Processos regulatórios	Não intencional	Complacência Autocontrole	Importância, congruência, interesse
	Incompetência	Prêmios ou sanções Prêmios ou sanções pessoais	Consciência Desfrute
	Falta de controle	Externas ou internas	Valorização da síntese
	Envolvimento do ego	Consciente	Com o ego

Esse quadro propõe vários tipos de motivação, desde a totalmente extrínseca (à esquerda) até a integralmente interna (à direita). Poderia essa série admitir uma escala contínua e crescente da esquerda para a direita? Tal hipótese poderia ser confirmada ou refutada aferindo-se as

DICIONÁRIO INCOMPLETO DA FELICIDADE

correlações respectivas entre os tipos adjacentes e os mais distantes. T. Hayamizu concebeu um teste capaz de acessar os tipos de motivação externos, introjetados, identificados e internos, e testou 239 meninos e 244 meninas do curso secundário[10]. Calculando assim ter as correlações entre os tipos adjacentes, ele achou uma correlação positiva que ia diminuindo à medida que os tipos de motivação se afastavam. Assim, a correlação entre a motivação externa e a motivação introjetada era maior do que a correlação entre a motivação externa e a identificada. Finalmente classificou os estudantes em cinco grupos motivacionais baseados na força relativa de cada tipo. Um exame das respostas aos questionários mostrou que os estudantes que apresentavam uma forte motivação introjetada não eram autodeterminados, mas eram mais passivos ou heterodeterminados. Os detalhes dos questionários cujas respostas indicam as motivações podem ser encontrados no artigo mencionado ou *online*.

---

10 Cf. Between Intrinsic and Extrinsic Motivation: Examination of Reasons for Academic Study Based on the Theory of Internalization, *Japanese Psychological Research*, v. 39, n. 2.

Paradoxo de Easterlin

ndicadores de renda, salário, bens materiais etc., em geral são positivamente correlacionados, pela maioria das pessoas, à felicidade individual. Todavia, a proporção dos ingredientes necessários para compor a "cesta básica" a fim de se conseguir a felicidade pode variar de pessoa para pessoa. Uma boa parte desses ingredientes pode ser obtida, ou pelo menos facilitada, pela posse de recursos materiais: conforto pessoal e da família; cura ou amenização dos sintomas de doenças, senão de todas, pelo menos de grande parte; prestígio social, viagens etc. Assim também se dá com a própria saúde, que, como diz um letreiro de para-choque de caminhão: "não tem preço, mas custa caro". Outros ingredientes para uma "boa vida" certamente dependerão, em maior proporção, da sorte: herança genética, saúde física e mental, beleza física; outros, ainda, dependerão em boa parte de esforço pessoal, como o CAPITAL SOCIAL e o CAPITAL PSICOLÓGICO.

Desse modo, se o significado do termo "felicidade" desafia uma definição unívoca e também o dinheiro é um bem plurivalente, dinheiro e felicidade podem significar diferentes coisas para diferentes pessoas. Nesse sentido, o dinheiro pode "comprar" felicidade, não para todas as pessoas nem toda a felicidade, mas pelo menos um grau variável de felicidade para uma parte das pessoas.

O Produto Interno Bruto (PIB), isto é, a soma anual de bens e serviços produzidos anualmente por um país, tem sido considerado um indicador básico de desenvolvimento. Esse parâmetro serve inclusive para classificar os países em desenvolvidos, emergentes e pouco desenvolvidos. O crescimento do PIB mostra a prosperidade de um país, sua estagnação ou sua retração, uma recessão no horizonte.

A suposição mais "natural" seria de que o PIB comparativo entre os países fosse correlato aos indicadores comparativos de felicidade das nações – o que, até certo ponto, tem correspondido à realidade. Na atualidade, o PIB e sua variação aferem não só a situação econômica do país como, até certo ponto, a eficiência e a popularidade do governo.

No entanto, uma descoberta feita pelo professor Richard A. Easterlin, um psicólogo, veio impugnar a crença de que o PIB de um país poderia ser um indicador viável do bem-estar subjetivo da sua população. A descoberta consistiu na verificação de que, apesar de o PIB ter crescido bastante nos Estados Unidos nas décadas finais do século XX, o bem-estar subjetivo ou a felicidade média do povo americano ficaram estagnados. É o chamado paradoxo de Easterlin[1].

Esse fato estimulou o crescimento das pesquisas empíricas no sentido de averiguarem o que e quais condições poderiam estimular as pessoas a ser mais felizes, além do dinheiro ou em lugar dele. Os partidos políticos dos países mais industrializados e ricos começaram a colocar, em seus programas de governo, o objetivo de aumentar a felicidade da população, e para isso tornou-se necessário utilizar os dados e as informações deles decorrentes fornecidos pelos pesquisadores e pelas enquetes realizadas em vários países. O Butão, pequeno país encravado no Himalaia, foi mais radical: substituiu o PIB pelo FIB (Felicidade Interna Bruta)[2].

---

1   Cf. R.A. Easterlin, Does Economic Growth Improve the Human Lot? Some Empirical Evidence, em P.A. David; M.W. Reder (eds.), *Nations and Households in Economic Growth*.
2   O Butão desenvolveu uma metodologia específica para medir o FIB a partir de nove itens: educação; padrão de vida; governança; saúde; vitalidade comunitária; proteção ambiental; acesso à cultura; gerenciamento equilibrado do tempo e bem-estar psicológico. (Cf. K. Ura et al., *An Extensive Analysis of GNH Index*.)

As POLÍTICAS PÚBLICAS seriam propostas e implantadas a partir das pesquisas baseadas em questionários estruturados com base em autorrelatos. Institutos especializados em pesquisas de vários países começaram a desenvolvê-las[3].

A crença na veracidade da verificação de Easterlin traz relevantes consequências no plano político. Se a principal locomotiva, ou as diretrizes, que movimentam a economia globalizada são aumento de competividade na produção industrial, aumento de inovações em produtos e processos de produção, com o consequente aumento dos estímulos para o consumo em geral, o ideário mais geral de apoio às atitudes correlatas é que tal modelo consumista conduz a uma melhoria do bem-estar subjetivo e da felicidade das pessoas. É bem verdade que, no horizonte do céu azul desse modelo consumista, já se acumulam nuvens que anunciam uma mudança de cenário: as mudanças climáticas, o esgotamento dos recursos naturais e a necessidade de modelos econômicos autossustentáveis sugerem a inadequação do modelo baseado preferencialmente no crescimento econômico sinalizado pelo PIB.

Todavia, a locomotiva da economia global já adquiriu uma velocidade considerável, alimentada pelo ideário que fomenta o desejo de consumir. Pisar no freio dessa locomotiva? Nem pensar, por suas consequências desastrosas: desemprego, recessão e consequentes crises sociais, econômicas etc. Mas se frear a locomotiva da sociedade consumista é impensável, que tal diminuir a lenha que abastece suas caldeiras? Se o crescimento econômico não conduz necessariamente ao crescimento do bem-estar subjetivo, será possível imaginar outros meios de atingir essa finalidade, transformando o ideário da felicidade em algo que possa ir além do consumo de bens e serviços?

Tal é, nos parece, a grande aposta que envolve o contexto externo do paradoxo de Easterlin, ao passo que seu contexto interno requer uma avaliação da validade científica. Essencialmente, o paradoxo de Easterlin consiste na consideração de que o bem-estar da população em geral permanece constante – nos países mais desenvolvidos, bem entendido – enquanto aumenta o PIB[4]. Permanece, no interior da

---

3 The Euro Barometer, American Changing Lives, The British Household Panel Survey; The European Social Values Survey; The German Socio-Economic Panel Survey; The Latino Barometer; The World Values Survey, Instituto Cultural Banco Itaú.

4 Esse fato foi verificado em países onde o PIB *per capita* é suficiente para atender as necessidades básicas da maioria da população.

população pesquisada, o fato de que os ricos têm um indicador de bem-estar subjetivo superior aos pobres. Por essa razão, o fenômeno constitui um "paradoxo", para o qual existem algumas explicações.

No que concerne à renda pessoal, duas situações podem causar um aumento de bem-estar subjetivo. A primeira é um aumento absoluto, por exemplo, de (x) para (x + a); a segunda é um aumento relativo, uma diferença crescente entre o salário de uma pessoa e o de seus colegas em idêntica função. Se sou médico e ganho mais que meus colegas em minha clínica, significa que sou mais competente: isso obviamente aumenta a minha autoestima e, em consequência, meu bem-estar subjetivo. Por outro lado, um aumento absoluto do salário significa um aumento do poder de consumo e de bem-estar subjetivo. Duas coisas podem empanar esse aumento do bem-estar subjetivo. Primeiro, um aumento subjetivo das necessidades estimulado pela publicidade, o que pode configurar minha participação na ESTEIRA ROLANTE HEDÔNICA: aumenta minha renda, mas o aumento de meu bem-estar subjetivo dura pouco. Segundo, quanto à minha renda relativa, em caso de aumento geral, ela permanece a mesma. Em suma, um aumento de renda e o consequente aumento de bens à disposição não trazem consigo um aumento de felicidade por causa do efeito negativo na utilidade, devido à ADAPTAÇÃO HEDÔNICA e à comparação social[5].

Todavia, a validade interna ou científica do paradoxo de Easterlin se refere à evidência provida pelos autorrelatos provenientes das pesquisas. A validade científica, ou do contexto interno, do achado de Easterlin depende de uma avaliação comparativa das pesquisas a favor e contra a hipótese desse autor. Aí as coisas se complicam, porque esse julgamento depende de uma análise criteriosa da CONFIABILIDADE e da VALIDADE, dos dados colhidos, a favor e contra o paradoxo de Easterlin.

A evidência a favor da verificação de Easterlin foi bastante efetiva ao longo das últimas décadas. As pesquisas mostraram que, à medida que as sociedades ficam mais ricas, as diferenças de bem-estar subjetivo são frequentemente menos devidas à renda e mais ligadas a fatores como as relações sociais e a satisfação no trabalho. Os mais

---

5   Cf. R.A. Easterlin, Life Cycle Welfare: Trends and Differences, *Journal of Happiness Studies*, v. 2, n. 1.

importantes previsores dos níveis médios de bem-estar subjetivo das sociedades incluem o capital social, governos democráticos e os direitos humanos. Nos locais de trabalho, fatores não econômicos influem na satisfação e na produtividade[6].

As opiniões favoráveis à teoria de Easterlin não são unânimes. Alguns pesquisadores defendem a correlação positiva entre o crescimento econômico e o bem-estar subjetivo. Conforme afirmam Wolfers e Stevenson:

> Utilizando dados recentes de um amplo conjunto de países, nós estabelecemos uma clara conexão positiva entre os níveis médios do bem-estar subjetivo e o PIB *per capita* em várias nações e nenhuma evidência de um ponto de saturação além do qual os países ricos não apresentariam um crescimento do bem-estar subjetivo[7].

Uma avaliação crítica desses pontos de vista conflitantes sobre as hipóteses de Easterlin, no contexto estrito de uma análise crítica da confiabilidade e validade das respectivas pesquisas, está além das possibilidades e objetivos deste trabalho. No seu contexto amplo, resta considerar as repercussões e consequências para as políticas públicas de cada uma dessas possibilidades.

1. A adoção das ideias de Easterlin significa um interesse da sociedade e consequentemente dos governos por pesquisas que investiguem quais fatores além da renda poderiam incrementar o bem-estar subjetivo da população em geral. A alocação de recursos para as pesquisas e para a implementação das propostas daí decorrentes representam, de certa forma, um ideário que vai ao encontro de sistemas econômicos autossustentáveis, medidas eficazes de conservação do meio ambiente, diversidade biológica etc.

2. A contestação das ideias de Easterlin representa um ideário conservador baseado no modelo atual de uma economia globalizada movida pelo interesse em aumentar a produção e o consumo. Convém ainda ressaltar que a validade desse modelo, em relação aos modelos autossustentáveis, se refere especificamente aos países ricos, que já são responsáveis atualmente por um consumo *per*

---

6   Cf. E. Diener; M.E.P. Seligman, Beyond Money, *American Psychological Society*, v. 5, n. 1.

7   Cf. B. Stevenson; J. Wolfers, Economic Growth and Subjective Well-Being: Reassessing the Easterlin Paradox, *Brookinngs Papers on Economic Activity*, v 39, n. 1.

capita e poluição também *per capita* várias vezes superior ao dos países mais pobres.

Para além do contexto interno ou "estritamente científico" dessa temática, o seu contexto externo certamente transcende a questão da felicidade ou bem-estar subjetivo individual.

Paradoxos da Felicidade

 conceito de paradoxo – aquilo que é ou parece ser contrário ao senso comum; aquilo que é ou parece ser um contrassenso, um absurdo, um disparate – encontra-se com o de felicidade nos exemplos a seguir:

Uma vida inteira de felicidade! Nenhum homem vivo poderia suportá-la. Seria o inferno na terra. (BERNARD SHAW, *Homem e Super-Homem*, Ato I)

Eu não poderia suportar uma felicidade que durasse manhã, tarde e noite. (ANTON TCHÉKHOV, em carta de 23 de março de 1893)

Ah! Que coisa amarga é olhar para a felicidade através dos olhos de outro homem. (SHAKESPEARE, *As You Like It*)

A felicidade de todo homem é construída sobre a infelicidade de outro. (TURGUÊNIEV)

Felicidade: sensação agradável surgida de contemplação da infelicidade alheia. (AMBROSE BIERCE, *Dicionário do Diabo*)

Comparar-se com quem está pior aumenta a felicidade, e com quem está melhor, diminui. (DALAI LAMA, *A Arte da Felicidade*)

A felicidade consiste em conquistar os inimigos, em conduzi-los a nossa frente, tomar sua propriedade, saborear seu desespero, ultrajar suas esposas e filhas. (GENGIS KHAN)

> Todos aqueles que sofrem no mundo são assim por causa do desejo pela própria felicidade. Todos aqueles felizes no mundo são assim por causa do desejo pela felicidade dos outros. (SHANTIDEVA)
>
> A melhor ação é aquela que obtém a maior felicidade para o maior número de pessoas. (FRANCIS HUTCHESON, *An Inquiry into the Original of Four Ideas of Beauty and Virtue*)
>
> A maior felicidade para o maior número [de pessoas] é o fundamento da moral e da legislação. (JEREMY BENTHAM, *The Common Place Book*)
>
> A felicidade que o homem pode alcançar não está no prazer, mas no descanso da dor. (JOHN DRYDEN, *The Indian Emperor*)
>
> A juventude parecia ensinar que a felicidade era apenas o episódio ocasional num drama geral de dor. (THOMAS HARDY, *O Prefeito de Casterbridge*)
>
> Na solidão / Que felicidade? Quem pode aproveitar sozinho, / Ou desfrutando que contentamento encontrar? (JOHN MILTON, *Paraíso Perdido*)[1]

O "achado" de Shaw parece à primeira vista um paradoxo, um contrassenso: se o que mais se almeja na vida é a felicidade, por que a felicidade permanente se transformaria em um inferno? Pronto: o autor, ao fugir do senso comum, nos obriga a fazer uma pausa para refletir. A felicidade só existe em contraste com seu oposto, a infelicidade. Isso ocorre tanto semântica como psicologicamente, pois a vida é feita de contrastes e oposições. Nada nos mostra isso melhor que este trecho do *Eclesiastes* (3, 1-5):

> Há um momento para tudo e um tempo para todo propósito [debaixo do céu.
>
> Tempo de nascer,
> e tempo de morrer;
> tempo de plantar,
> e tempo de arrancar a planta.
> Tempo de matar,
> e tempo de curar;
> tempo de destruir,
> e tempo de construir.
> Tempo de chorar,
> e tempo de rir;

---

[1] Citações extraídas em sua maioria do livro de Paulo Ronai, *Dicionário Universal de Citações*, e da obra de Witold Rodziński, *The Walled Kingdom: A History of China from 2000 BC to the Present.*

tempo de gemer,
e tempo de bailar.
Tempo de atirar pedras,
e tempo de recolher pedras;
tempo de abraçar,
e tempo de se separar[2].

Poderíamos adicionar: "Há tempo de felicidade e há tempo de infelicidade." E, mais ainda, existe um momento de felicidade que sucede imediatamente a um momento de infelicidade, fazendo assim com que a felicidade seja ainda mais saborosa.

A linguagem polissêmica da arte ama os paradoxos, assim como a linguagem monossêmica da ciência os abomina e procura exorcizá-los. Trata-se então não da felicidade de todo o tempo, mas de aumentar o tempo da felicidade e diminuir o da infelicidade: dessa forma, quando esta última desaparecesse teríamos a primeira em graus diferentes. Se o grau de felicidade for constante, ela passa a não ser perceptível: o fenômeno da adaptação e a ausência de estímulos de mudança, para mais ou para menos felicidade, provocariam o tédio. Assim, o primeiro paradoxo da felicidade existe em contraste ou oposição com a infelicidade.

O segundo paradoxo da felicidade é o princípio maior dos filósofos utilitaristas ingleses: "a maior felicidade para o maior número de pessoas". Poucos felizes e muitos infelizes ou muitos felizes e poucos infelizes? Afinal, a felicidade dos outros nos dá também felicidade ou, em muitos casos, nos produz mal-estar regado a inveja? As citações no início do presente verbete andam em direções opostas. Um julgamento apenas moral não é suficiente. Será necessária uma percepção de algumas das várias situações em que a felicidade dos outros nos causaria felicidade (bem-estar subjetivo, alegria, satisfação) ou, ao revés, infelicidade (mal-estar, inveja, raiva etc.) e principalmente as razões para isso.

O terceiro paradoxo é o PARADOXO DE EASTERLLIN: a renda em geral é positivamente correlacionada à felicidade, mas estudos longitudinais mostram que apesar de a renda ter crescido cerca de três vezes nas últimas décadas do século XX nos Estados Unidos e em alguns países europeus, o bem-estar subjetivo das populações manteve-se constante ou pouco cresceu.

---

2   Na versão da *Bíblia de Jerusalém*, nova edição revista e ampliada, São Paulo: Paulus, 2002.

Várias explicações foram sugeridas para o aparente paradoxo entre aumento de renda e aumento de bem-estar subjetivo ou de felicidade. Os pesquisadores imaginaram algumas hipóteses[3], uma delas a de que as pessoas ricas são mais felizes não porque usufruem de renda maior, mas porque as pessoas mais felizes acabam por ter mais sucesso e, consequentemente, maior renda. Nesse caso, a felicidade ainda estaria positivamente correlacionada à renda, mas o nexo causal seria felicidade causa renda e não renda causa felicidade.

Outra explicação para o paradoxo é de que um aumento de renda trouxe maior felicidade, mas o efeito foi anulado por outros eventos negativos como mais divórcios, uso de droga, desemprego crescente etc. Uma terceira explicação para o PARADOXO DE EASTERLIN é que, nos países em que isso ocorreu, o crescimento econômico beneficiou principalmente a parcela dos 20% de pessoas mais ricas, de modo que dificilmente a melhoria da felicidade seria verificada na média de toda a população.

Uma quarta hipótese é que a satisfação com a situação financeira depende em boa parte da comparação da própria renda com a dos outros. Desse modo, os efeitos de um aumento de renda dependem do que acontece com a renda de nossos amigos, vizinhos, especialmente nossos colegas de trabalho e de profissão. Se todos recebem aumento, o efeito na satisfação individual de cada um não cresceria o quanto seria de se esperar.

Os afetos positivos (alegria, satisfação, entusiasmo), em geral expressos corporalmente por músculos relaxados, riso etc., são aferidos por escalas independentes dos afetos negativos (tristeza, desânimo, dor, sinais de depressão etc.), que são geralmente expressos por sinais corporais, como músculos tensos, choro e outros. A ideia de que um afeto positivo (como o apego) pode ser causado pelo cessar do afeto negativo (a aversão) interliga causalmente os dois tipos de afetos. Em suma, o positivo da felicidade é tanto causado como acentuado pelo cessar do negativo, da infelicidade: o prazer do cessar da dor e de sua lembrança.

---

3   Cf. D.C. Bok, *The Politics of Happiness*.

Pesquisa de Campo

As pesquisas de campo e as enquetes no domínio da Felicidade têm sido conduzidas por várias agências nacionais e internacionais. As pesquisas mais abrangentes de âmbito nacional e internacional referem-se preferencialmente aos constructos SATISFAÇÃO COM A VIDA e BEM-ESTAR SUBJETIVO, utilizados porque são fortemente correlacionados ao termo "felicidade" e estimulam respostas mais rápidas do que esse termo. Os resultados dessas pesquisas de campo são instrumentos valiosos para estudos comparativos (FELICIDADE NOS PAÍSES) e importantes também como auxiliares para os governos no planejamento das POLÍTICAS PÚBLICAS. Mencionamos a seguir algumas agências que já há alguns anos desenvolvem essas pesquisas[1]:

Eurobarometer, também chamada Eurobarômetro – Sua pesquisa é feita duas vezes por ano, desde 1973, em todos os países-membros da União Europeia (UE), com uma amostra composta de grande número de pessoas adultas de vários

[1] Cf. M.J. Sirgy, *The Psychology of Quality of Life.*

países. Uma questão sobre o constructo "satisfação com a vida" faz parte da pesquisa:

> Em geral você está: muito satisfeito; razoavelmente satisfeito; não muito satisfeito ou totalmente insatisfeito com a vida que leva?

American Changing Lives é uma grande pesquisa que empregou vários itens para capturar quantitativamente a intensidade do constructo "satisfação com a vida":

a. Pensando na totalidade de sua vida, o quanto você está satisfeito com ela?
Você está: completamente satisfeito (4 pontos); muito satisfeito (3 pontos); pouco satisfeito (2 pontos); insatisfeito (1 ponto). (Escala de 4 pontos para capturar a resposta)
b. Como você diria que as coisas vão hoje em dia? Você diria que está: muito feliz, bastante feliz, não tão feliz.
Do mesmo modo que na questão anterior, uma escala de 4 pontos é preparada para capturar as respostas: concordo inteiramente; concordo; discordo; discordo fortemente.

The British Household Panel Survey é uma grande pesquisa iniciada em 1991, com várias finalidades. É composta por 5.500 lares compreendendo 10.300 indivíduos do Reino Unido e utiliza duas perguntas:

1. O quanto você está satisfeito com sua vida?
A resposta é dada através de uma escala de 7 pontos, desde "inteiramente insatisfeito" até "completamente satisfeito".
2. Você diria que: está mais satisfeito com a vida, está menos satisfeito ou sente o mesmo que no ano passado?

The Canadian General Social Survey foi estabelecida em 1985 e envolve entrevistas telefônicas com amostras probabilistas de até 25 mil pessoas, em cerca de dez províncias canadenses. Inclui o item:

> No presente você se descreveria como: muito feliz; mais ou menos feliz; nada feliz.

Várias outras agências e países realizaram pesquisas utilizando itens semelhantes ou idênticos aos mencionados acima: The European Social Values Survey; The German Social-Economic Panel Survey; The Household Income and Labour Dynamics in Australia Survey; The Hungarian Household Panel Survey; The International Social

Survey Programme; The Latino Baromer; The Midlife in the us survey; The National Child Development Survey; The National Survey of Families and Households in the usa; The Social Capital Community Benchmark Survey in usa; The Russian Longitudinal Monitoring Survey; The Swedish Level of Living Survey; The Swiss Household Panel Survey; The us General Social Survey; The World Values Survey; The Chinese General Social Survey.

Para tornar os resultados dos vários países comparáveis entre si, os itens devem ser redigidos de forma similar. Além disso, existem outras possíveis fontes de erro na determinação da satisfação com a vida através de autorrelatos. Esse constructo tem um caráter cognitivo e sua avaliação depende tanto da integração subjetiva dos afetos positivos e negativos como de sua comparação mental com um grau máximo de satisfação com a vida imaginado pelo respondente. Quanto aos afetos, é assumido que as pessoas possam descrever seus afetos acurada e honestamente, o que, todavia, segundo alguns autores, não ocorre[2].

A pesquisa de campo e as enquetes destinadas a aferir os conceitos relativos a felicidade através de autorrelatos (bem-estar subjetivo, satisfação com a vida, afetos etc.) estão sujeitas a vários tipos de dificuldades e vieses na obtenção de dados confiáveis e válidos (ver CONFIABILIDADE E VALIDADE), conforme se pode verificar abaixo[3]:

1. Influências da memória. O autorrelato sobre o bem-estar subjetivo é mais influenciado pela memória da frequência e intensidade dos afetos mais recentes do que dos afetos ocorridos há mais tempo.
2. Amostra experimental e reconstrução do dia, como referências mais adequadas à frequência e intensidade dos afetos.
3. Influências da situação. Pessoas testadas em um laboratório pequeno, sujo, malcheiroso, superaquecido e barulhento relatavam um índice menor de bem-estar subjetivo do que quando estavam num laboratório de condições normais. Em outro cenário ainda, relatavam melhor índice de bem-estar subjetivo em suas casas do que quando estavam no laboratório de condições normais.

---

2   Cf. A. Campbell, *The Sense of Well-Being in America: Recent Patterns and Trends.*
3   Cf. M.J. Sirgy, op. cit.

DICIONÁRIO INCOMPLETO DA FELICIDADE

4. Formato dos questionários ou entrevistas. A resposta dos autorrelatos de bem-estar subjetivo é influenciada pelas perguntas anteriores do questionário e também por sua formatação.

5. Referências comparativas. Eventos relembrados do passado tendem a influenciar os autorrelatos atuais do bem-estar subjetivo. Se, antes de relatar seu próprio bem-estar subjetivo, as pessoas são estimuladas a pensar num evento do passado que tenha sido positivo, relatam um bem-estar menor do que aquelas pessoas que tenham recebido um estímulo para pensar em um evento passado negativo.

6. Efeitos de escalas. As pessoas supõem que os pontos médios das escalas de bem-estar subjetivo representam a média dos relatos e comparam seus próprios relatos com essa "média", mas o ponto médio das escalas pode não coincidir com a média real dos relatos.

7. Estados de humor. Um estado momentâneo de humor pode influenciar para cima ou para baixo o autorrelato de bem-estar subjetivo tomado naquele momento.

8. Problemas de estabilidade temporal. Em alguns casos e em algumas circunstâncias, as provas de testes e retestes, com uma hora de intervalo, mostram um grau de confiabilidade baixo, cerca de 0,40 a 0,60.

9. Problemas de desejabilidade social (os padrões e estados valorizados socialmente). As pessoas entrevistadas face a face tendem a autorrelatar índices inflados de satisfação com a vida, isto é, superiores ao que realmente sentem e percebem. Fazem isso para não se desmerecer aos olhos do entrevistador. O efeito desse viés pode ser diminuído fazendo-se com que os questionários sejam devolvidos pelo correio ou por e-mail.

Tais problemas podem prejudicar a CONFIABILIDADE E VALIDADE dos autorrelatos do bem-estar subjetivo e da satisfação com a vida e foram contestados por vários autores que vieram em defesa da viabilidade dos autorrelatos[4]. Isso instaurou uma polêmica sobre a temática e sobre a utilização das enquetes por numerosas agências nacionais e internacionais. Recentemente, Lucas e Diener julgaram confiáveis e válidos os resultados das enquetes sobre o bem-estar subjetivo, quando controlados. Dizem os autores:

4   Ibidem.

Em resumo, a evidência até o momento sugere que as medidas dos autorrelatos do bem-estar subjetivo são confiáveis e válidas, sensíveis às circunstâncias externas e respondem a mudança. São correlatas às medidas adicionais de autorrelatos. Por fim, prospectivamente, predizem comportamentos relevantes e resultados que mostram que podem ser úteis tanto em pesquisa como na prática. É verdade que há ocasiões em que fatores contextuais podem influenciar esses julgamentos, mas não conhecemos nenhuma pesquisa que possa sugerir que tais efeitos contextuais tenham tido um grande impacto na validade das medidas. Por isso os pesquisadores podem ficar seguros de que o bem-estar subjetivo pode ser bem acessado pelas medidas adotadas convencionalmente. Não obstante, também achamos que o autorrelato não fornece um modelo áureo e por isso técnicas alternativas podem ajudar; relatos de informantes, medidas psicofisiológicas, análises de texto e outras fontes podem prover importante informação sobre a extensão em que a vida da pessoa está indo bem[5].

O questionário da OCDE

A OCDE publicou, em 2013, seu *Guidelines on Measurement Subjective Well-Being*, um manual sobre os procedimentos de medida do bem-estar subjetivo. Seu segundo capítulo oferece algumas considerações metodológicas sobre a medida do bem-estar subjetivo relacionadas à construção do questionário, formato das respostas, contexto das questões, efeitos do modo da enquete e vieses das respostas. Resumimos a seguir tais considerações.

Construção das questões sobre BES

A maneira como uma questão é construída influencia a compreensão, a recuperação da informação, o julgamento e o relato do BES. Questões de fácil compreensão, com pouca ambiguidade e não muito cansativas favorecem a validade e também os testes de confiabilidade, realizados pela repetição das respostas no decorrer do tempo.

---

5   Cf. R.E.Lucas; E. Diener, Personality and Subjective Well-Being, em E. Diener (ed.), *The Science of Well-Being: The Collected Works of E. Diener*.

Quanto à redação e teor das questões, é importante que elas sejam interpretadas da mesma forma, para que as respostas sejam comparáveis. Além disso, é necessário que as traduções sejam adequadas não só entre diferentes línguas e culturas, como entre diferentes gerações e grupos da mesma sociedade. Nas medidas sobre o afeto (emoções), em certos casos as pessoas podem não concordar com a definição do conceito.

O termo "ansiedade" pode ter significados diferentes, como: um estado ou sensação de desassossego, de nervosismo sem razão aparente, como na espera por um acontecimento. O uso de diferentes redações para questões pode ocasionar mudança no padrão das respostas. Um dos recursos para evitar isso é construir, quando possível, vários itens com diferentes aspectos do conceito examinado e analisar a convergência dos resultados. Esse recurso é útil principalmente em questões sobre eudaimonia e outros, que desafiam uma definição unívoca.

A referência ao período de tempo para as medidas dos afetos pode ter importância considerável nas respostas. Episódios mais intensos, porém menos frequentes, foram mais relatados num período de um ano do que num período de uma semana[6]. A tradução para outros idiomas assume relevância no caso da utilização dos questionários em muitos países cujos resultados devam ser comparados[7].

Formato das respostas

O formato dos modelos para respostas pode variar. Devem ser especificadas tanto as unidades de medida quanto seu intervalo, bem como a quantidade de opções para as respostas e se essas opções serão rotuladas. A teoria da informação (TI) mostra que quanto maior a quantidade de alternativas, maior a informação contida. Assim, se comparamos as duas opções de respostas "quente ou frio" com três, "quente, morno ou frio", verificamos que a opção "frio" no segundo caso informa mais do que a mesma opção no primeiro caso, porque deixa "quente" e "morno" de fora, enquanto no caso anterior deixa

---

6 Cf. P. Winkelman et al., Looking Back on Anger: Reference Periods Change the Interpretation of Emotion Frequency Questions, *Journal of Personality and Social Psychology*, v. 75, n. 3.

7 Cf. R. Veenhoven, The International Scale Interval Study: Improving the Comparability of Responses to Survey Questions about Happiness, V. Møller; D Huschka (eds.), *Quality of Life and the Millennium Challenge: Advances in Quality-of-Life Studies, Theory and Research.*

apenas o "quente" de fora. Segundo a TI, a informação sintática (que independe do significado das palavras) contida em um sinal é proporcional ao que diz em relação ao que não diz, mas poderia ter dito[8]. Assim em uma escala de sete pontos, em que 0 corresponde à discordância total e 7 à concordância total, uma opção qualquer informa mais do que em uma escala de 1 a 5.

O maior número de opções para resposta aumenta o esforço cognitivo do respondente. O número ideal dependerá da capacidade de processamento da pessoa que responde ao questionário e de outros fatores que poderão até causar alterações nos testes e retestes de confiabilidade[9]. Na prática, esse número tem variado de 0 a 10 opções de respostas (sendo sete na escala Likert); as escalas destinadas a medir os afetos e eudaimonia costumam conter cinco opções. Há uma forte evidência a favor de escalas mais longas, de 7 a 11 opções, para medir a satisfação com a vida.

Um resumo das conclusões sobre os formatos mais convenientes para captar as respostas em questionários sobre o bem-estar subjetivo foi elaborado pela OCDE[10].

Contexto das questões

O contexto da enquete, a ordem das questões e o texto introdutório podem influenciar na compreensão das pessoas que respondem aos questionários. O processo de responder a uma enquete pode estimular efeitos conscientes ou subconscientes, como a vontade de parecer coerente nas respostas, de se apresentar sob uma luz favorável ou dar respostas conforme as normas sociais vigentes. As respostas de uma pessoa às questões sobre o bem-estar subjetivo serão limitadas por suas próprias experiências. Os efeitos dos quadros de referência ligam-se às diferenças da maneira com que as pessoas formulam as respostas que serão baseadas em sua própria experiência de vida e em seu conhecimento da experiência de outros, inclusive daqueles que consideram como seu grupo de comparação[11]. Esse

---

8   Cf. I. Epstein, *Teoria da Informação*.

9   Cf. L.-J. Weng, Impact of the Number of Response Categories and Anchor Labels on Coefficient Alpha and Test-Retest Reliability, *Educational and Psychological Measurement*, v. 64, n. 6.

10   Cf. OECD, *Guidelines on Measurement Subjective Well-Being*, p. 92.

11   Cf. A. Sen, Health: Perception Versus Observation, *British Medical Journal*, v. 324.

conhecimento e essa experiência estabelecem o quadro de referência em que as circunstâncias e sentimentos são sentidos e avaliados. Quadros de referência diferentes refletem a maneira como as pessoas experimentam a vida.

Efeitos do modo da enquete

A principal questão é saber se os dados do bem-estar subjetivo coletados em circunstâncias diversas e usando diferentes métodos ainda são comparáveis e também saber se existe um método "ótimo" de coleta de dados. Dois métodos bastante conhecidos são o Experience Sampling (ESM)[12], ou amostragem experimental[13], e o Day Reconstruction Method (DRM, Método da Reconstrução do Dia). Esses métodos fornecem respostas em tempo real no período proposto, em que o esforço de memória é muito pequeno ou nem existe através dos relatos "aqui e agora". Esses estudos utilizam-se de dois a doze relatos por dia e podem durar uma ou duas semanas.

O ESM tem algumas vantagens significativas na qualidade dos dados, mas é cansativo e custoso. O DRM permite a reconstrução do dia, tornando mínimos os vieses da memória; Kahnemann denominou de "felicidade objetiva" o bem-estar subjetivo reconstruído por esse método[14]. Outros fatores que podem influenciar os relatos de bem-estar subjetivo são as condições do tempo no dia da medida, o dia da semana, pequenos eventos cotidianos ocorridos pouco antes da enquete; quando presentes, os estilos e vieses das respostas podem afetar a acurácia dos autorrelatos[15].

Vieses das respostas

As fontes dos vieses das respostas são cinco: o formato da resposta estimula a aquiescência; as questões precedentes da pesquisa

---

12 Cf. T.C. Christensen et al., A Practical Guide to Experience-Sampling Procedures, *Journal of Happiness Studies*, v. 4, n. 1.

13 C.N. Scollon et al., Experience Sampling: Promises and Pitfalls, Strengths and Weaknesses, *Journal of Happiness Studies*, v. 4, n. 1.

14 Cf. D. Kahneman, Objective Happiness, em D. Kahneman et al. (eds.), *Well-Being: The Foundations of Hedonic Psychology*.

15 OECD, *Guidelines on Measurement Subjective Well-Being*, p. 113.

influenciam os respondentes a pensar sobre certas informações quando respondem; a fadiga e não motivação dos respondentes; os estilos culturais ou linguísticos.

Políticas Públicas

Acreditamos nas seguintes verdades como autoevidentes: que todos os homens foram criados iguais; que foram dotados por seu criador de direitos inalienáveis; que entre esses direitos estão a vida, a liberdade e a busca da felicidade.

DECLARAÇÃO DA INDEPENDÊNCIA DOS ESTADOS UNIDOS, 1776.

A finalidade da sociedade é a felicidade comum.

CONSTITUIÇÃO FRANCESA DO ANO 1 OU DE 1793.

Qual é, afinal, a finalidade de vossos esforços, o motivo de vosso trabalho, o objeto de todas as vossas esperanças? Não é a felicidade? Bem, deixem a felicidade por nossa conta e nós (os cidadãos) a devolveremos a vocês (o governo).

BENJAMIN CONSTANT[1]

A independência das treze colônias norte-americanas da Inglaterra e a derrubada da "velha ordem" na França tiveram gravadas, em suas Cartas Magnas, a menção à Felicidade. A congruência das palavras com a dura realidade econômica e social vigente exigiu sempre uma hermenêutica poderosa de seus defensores, pois para muitos essas belas frases não passavam de uma cortina de fumaça para esconder

---

[1] Apud D.M. McMahon, *Happiness: A History*, p. 342.

esconder a verdadeira natureza das relações sociais durante a Revolução Industrial, iniciada na Inglaterra no século XVIII. Em verdade, um total *laissez-faire* era vigente nas relações econômicas até o fim da escravidão dos Estados Unidos em 1865.

De qualquer modo, as intenções representadas naquelas palavras foram retomadas por um jovem rei, de um país pequeno e extremamente pobre, situado entre a China e a Índia: o Butão. Em 1972, seu novo rei, Jigme Simgye Wanchuk, declarou que o Produto Interno Bruto (PIB) seria substituído pela Felicidade Interna Bruta (FIB) para medir o progresso de seu país. (Ver FELICIDADE INTERNA BRUTA.)

Se a busca pela felicidade é comum a todos os homens, a composição da "cesta básica" dos fatores capazes de, se não "produzir", pelo menos facilitar a felicidade para cada indivíduo pode variar. Alguns fatores são: predisposições herdadas geneticamente (ver TEORIA DO SET POINT), influência familiar e extrafamiliar nos anos de formação do caráter, mais eventos acidentais ou correlatos. Outros elementos – saúde física e mental, educação, renda mínima etc. – podem ser facilitados, em medida variável, pelas políticas públicas. Como a felicidade – ou bem-estar subjetivo – é formada por sentimentos e percepções subjetivas, diferenciados para cada indivíduo, a sua busca no sistema liberal é geralmente deixada a cargo de cada cidadão. Ao Estado pode caber o papel de assegurar, como bens supremos, a liberdade e a igualdade de oportunidades para essa busca – como, aliás, transparece na Declaração da Independência dos Estados Unidos.

Com o advento do conhecimento empírico obtido pela recente ciência da felicidade, o bem-estar subjetivo de cada indivíduo pode ser facilitado por certos fatores comuns, que podem ser subsidiados pelo menos em parte pelo Estado.

Amartya Sen, ganhador do prêmio Nobel de Economia em 1998, propõe cinco liberdades que denomina de instrumentais e que "contribuiriam direta ou indiretamente para as pessoas poderem viver da maneira que desejarem"[2]: as liberdades políticas; as facilidades econômicas; as oportunidades sociais; as garantias de transparência; e a proteção da segurança.

As liberdades políticas em geral representam a forma democrática de governo, com eleição dos representantes da população, respeito

---

2 *Development as Freedom*, p. 38.

aos direitos políticos, liberdade da imprensa, de expressão da opinião etc. As facilidades econômicas consistem nas oportunidades que os indivíduos têm de utilizar os recursos econômicos para produção, consumo ou troca em condições de livre mercado, com garantia e regulação das leis de trabalho assalariado etc. e leis que garantam a livre concorrência e evitem os monopólios. As oportunidades sociais são as facilidades como a educação e os serviços de saúde, que proporcionam uma vida melhor aos indivíduos e lhes possibilitam uma maior participação na vida econômica; preservação do meio ambiente e da biodiversidade; direitos da infância e garantias para a velhice. As garantias de transparência manifestam-se em um clima generalizado de confiança mútua, com respeito aos contratos livre e legalmente assinados, uma condição que previne a corrupção. A proteção da segurança permite uma garantia social à miséria extrema, um domínio que inclui arranjos institucionais fixos como seguro desemprego, auxílio aos totalmente destituídos, garantias para a velhice etc.

As pesquisas empíricas[3] realizadas por intermédio de autorrelatos obtidos com questionários, entrevistas e outros meios, como o Método da Reconstrução do Dia e o Método da Amostra Experimental, também associados a alguns dados demográficos e psicológicos, permitem obter, ou identificar, fatores correlacionados positivamente ao bem-estar subjetivo. Cinco fatores são mencionados como de pouca influência na felicidade: idade, gênero (homens e mulheres não diferem muito quanto à felicidade), QI e a energia física e mental. A educação tem correlação indireta com a felicidade na medida em que acarreta um aumento da renda.

Os fatores que mais se correlacionam positivamente com a felicidade são: relações familiares; situação financeira; o trabalho; saúde física e mental; capital social.

As relações familiares, sobretudo casamento, divórcio e viuvez, geralmente influenciam de modo negativo no nível de bem-estar subjetivo. O momento do casamento tem a tendência de aumentar o nível de bem-estar subjetivo, mas ocorre uma volta ao nível anterior após o período de um ano, devido à ADAPTAÇÃO. A viuvez, principalmente após um período extenso de um casamento bem-sucedido, provoca uma sensível baixa no bem-estar subjetivo, pois a confiança mútua,

---

3 R. Layard, *Happiness: Lessons From a New Science*, p. 63.

a cumplicidade e o afeto de um companheiro(a) são fatores positivos para um bem-estar subjetivo duradouro. O divórcio, a separação e mesmo a solidão também são fatores que diminuem o bem-estar subjetivo[4].

A situação financeira tem uma correlação positiva com o bem-estar subjetivo, porém limitada: acima de certo nível a correlação diminui. A segurança, a variedade de opções para o estilo de vida, os prazeres hedonistas, o sentimento de autovalorização oferecidos pelo dinheiro, para muitas pessoas estimula o bem-estar subjetivo. Os países mais ricos são mais felizes do que os mais pobres, mas internamente o aumento geral da renda além de certo patamar nos países mais desenvolvidos não aumenta a felicidade (ver PARADOXO DE EASTERLIN).

Ao contrário do que se poderia pensar, o trabalho remunerado é uma fonte de bem-estar subjetivo gerado pelo sentimento de *status* social e familiar. O trabalho, por sua vez, quando não inteiramente rotineiro, gera um bem-estar subjetivo que retorna uma melhor produtividade. Os experimentos de Elton Mayo nas usinas de Hawthorne, em 1924, originaram a Teoria das Relações Humanas, que, em oposição aos métodos tayloristas, valoriza a comunicação informal e afirma que a principal motivação do trabalho em muitos casos não é o salário[5]. O CAPITAL SOCIAL, na forma de relações de amizade, redes sociais, grupos de estudos ou de lazer etc., favorece o bem-estar subjetivo e pode oferecer apoio e suporte em momentos de crise. Também a liberdade pessoal e os valores da eudaimonia favorecem o bem-estar subjetivo, em contraponto aos valores sociais, predominantemente hedônicos e consumistas.

Alguns domínios que exibem uma correlação positiva com o bem-estar subjetivo são aqueles em que as instâncias de decisão governamental poderiam intervir, ao propor ações públicas para facilitar e promover o aumento do bem-estar subjetivo. Essas ações poderiam incitar atividades para inclusão de determinados grupos sociais geralmente discriminados, como idosos, deficientes físicos e mentais.

Na opinião da maioria das pessoas, obter ou conquistar a felicidade é o objetivo mais valioso na vida. Além disso, as pesquisas mostram que as pessoas com alto nível de bem-estar subjetivo, ou

---

4 E. Diener; M.E.P. Seligman, Beyond Money, *American Psychological Society*, v. 5, n. 1.
5 I. Epstein, *Gramática do Poder*, p. 173.

seja, felizes, são provavelmente mais saudáveis, casadas, competentes em seu trabalho, tolerantes, generosas e bons cidadãos[6]. Se assim é, por que não incluir, na plataforma dos partidos políticos, a introdução de políticas públicas destinadas a facilitar a busca e os meios de conquista da felicidade pela população em geral? Deixando de lado o aspecto político-ideológico dessa questão[7], nos limitaremos a examiná-la à luz dos conhecimentos sugeridos pela recém-chegada ciência da felicidade.

Uma das conclusões obtidas pela pesquisa empírica sobre o bem-estar subjetivo (ou felicidade) é que a predisposição a ser feliz é, em boa parte, herdada geneticamente[8]. Essa conclusão foi obtida a partir de estudos com gêmeos univitelinos que, logo após o nascimento, foram separados e criados em ambientes distintos. Se a predisposição genética a ser feliz fosse absoluta, a ideia de políticas públicas para facilitar o acesso à felicidade seria semelhante à de políticas públicas para estimular o nascimento de pessoas com olhos azuis.

Atualmente, a questão do peso do fator genético sobre a predisposição ao bem-estar subjetivo é polêmica. Desde 1996, ano da publicação do mencionado artigo de Lykken e Tellegen, os pesquisadores têm procurado mostrar que o peso do fator inato sobre o bem-estar subjetivo é variável de 50% até 80%. Nesse caso sobram de 20% a 50% do bem-estar subjetivo que poderiam ser influenciados por fatores supervenientes após o nascimento, como influências familiares, educacionais, sociais etc. (casamento, filhos, capital social, capital psicológico, emprego, saúde, religião). Depois de aprovada pelos representantes dos eleitores a inclusão de recursos para políticas públicas destinadas a incrementar o bem-estar subjetivo da população, restaria a tarefa de escolher quais dos fatores correlacionados positivamente com o bem-estar subjetivo (relaxamento, alegria, tranquilidade etc.) seriam os mais adequados e eficazes.

---

6 Cf. S. Lyubomirsky et al., The Benefits of Frequent Positive Affects: Does Happiness Leads to Success?, *Psychological Bulletin*, v. 131, n. 6.

7 Aqui nos referimos especificamente às diferenças entre os ideários econômicos do *wellfare state* (países nórdicos) os ideais do liberalismo.

8 Alguns pesquisadores admitem uma proporção de até cerca de 80% da predisposição ao estado de bem-estar subjetivo ser uma característica geneticamente herdada; cf. D. Lykken; A. Tellegen, Happiness Is a Stochastic Phenomenon, *Psychological Science*, v. 7, n. 3.

Psicologia Positiva

> *A ciência da psicologia tem sido mais bem-sucedida em seu lado negativo do que em seu lado positivo. Revelou muito sobre as fraquezas do homem, suas doenças e pecados, mas pouco sobre suas potencialidades, virtudes, aspirações realizáveis, ou sua plena capacidade psíquica. É como se a psicologia tivesse se restringido voluntariamente à metade apenas de sua plena jurisdição, à metade escura, mesquinha.*
>
> ABRAHAM MASLOW

A psicologia tradicional, assim como a medicina tradicional, desenvolveu-se centrada nas enfermidades e disfunções, preocupadas mais com as doenças do que com a saúde. Tanto a saúde física como a saúde mental eram definidas ou entendidas como a ausência de doenças, sejam no físico, isto é, no corpo, ou na mente. É nesse paradigma que foram formulados os programas das disciplinas, nas faculdades de medicina e de psicologia. As patologias físicas ou mentais, seus diagnósticos, prognósticos e terapias, fazem parte dos currículos. Os laboratórios fabricam medicamentos destinados a prevenir e/ou tratar as enfermidades, as anormalidades. Tudo ou quase tudo gira, na medicina e na psicologia tradicionais, em torno da prevenção ou cura de doenças. Para quê? Para manter ou recuperar a saúde. A definição da saúde? Ausência de doenças.

A definição de saúde pela Organização Mundial de Saúde é: *um estado de completo bem-estar físico, mental e social, e não apenas a ausência de doenças*. Essa definição utópica e abrangente não é, por isso mesmo, de fácil operacionalização numa cultura imersa em valores econométricos. Todavia, estabelece um horizonte de possibilidades sociais e humanistas.

A psicologia positiva atualmente abriga uma ampla temática[1], mas neste verbete nos limitaremos a analisar alguns aspectos dos afetos positivos. Os afetos ou emoções que caracterizam muitas das patologias da mente são os chamados afetos negativos, como a tristeza, a ansiedade, o medo ligado a fobias, o desespero, o pânico etc. Vários desses afetos são indiciados por manifestações faciais e corporais. Muitos naturalistas acreditam que os afetos são desenvolvidos por conferirem uma vantagem seletiva aos seus portadores, através dos mecanismos de seleção natural.

Alguns afetos negativos, como o medo, a ansiedade e o desespero diante do perigo imediato pela presença de um rival ou predador, preparam o organismo para uma das duas reações: a fuga ou a luta, ambas demandando uma aceleração dos batimentos cardíacos, aumento da pressão arterial, da adrenalina etc. Tais reações podem ser mais úteis para a sobrevivência do que a reação de paralisia por medo. Nas condições das sociedades modernas, onde, na maioria das vezes, essas reações são inviáveis ou inconvenientes, o organismo se prepara, mas não pode reagir, e alguns dos afetos negativos se cronificam, tornam-se prejudiciais à saúde. A psicologia tradicional procura os meios, os tratamentos terapêuticos e os medicamentos capazes de amenizar o sofrimento causado pela incidência não só inútil como prejudicial à saúde e ao bem-estar subjetivo dos afetos negativos cronificados porque perderam sua função.

Os afetos positivos, como a alegria e o contentamento, recebiam pouca atenção dos pesquisadores, pela pouca visibilidade de seus efeitos imediatos. Parecem aos olhos funcionalistas quase como um "luxo", mais propício a um prazer da ociosidade: a alegria tem sido associada a uma atividade sem objetivo; o interesse, com a atenção; e o contentamento, com a inatividade[2].

---

1   Cf. S.J. Lopez; C.R. Snyder (eds.), *The Oxford Handbook of Positive Psychology*.

2   Cf. N.H. Frijda, Emotions Are Functional, Most of the Time, em P. Ekman; R.J. Davidson (eds.), *The Nature of Emotion: Fundamental Questions*.

Afetos positivos

Uma distinção deve ser feita entre afetos positivos e sensações físicas passageiras, como a prazerosa sensação de saciar a fome ou a sede, ou o prazer apenas físico da satisfação de uma necessidade sexual. As emoções positivas demandam e requerem uma avaliação cognitiva ou um significado, enquanto a positividade das sensações depende de estímulos imediatos. Mais recentemente, a função das emoções positivas tem sido identificada como facilitadora de um comportamento aproximativo.

Barbara L. Fredrickson desenvolveu uma teoria das emoções positivas que captura seus efeitos[3]. Os afetos positivos alargariam o repertório dos pensamentos e das ações das pessoas – ao contrário das emoções negativas, que favorecem reações imediatas como a fuga ou a luta diante de um rival ou predador. As emoções positivas, ao contrário das negativas, raramente ocorrem durante situações de grande ameaça, quando são solicitadas ações imediatas. A alegria cria a necessidade de jogar, de brincar, de chegar aos limites, de ser criativo; o interesse e a atração causam o impulso de explorar, de obter novas informações e participar de novas experiências; o contentamento cria o impulso de saborear a vida. Se as emoções negativas são benéficas em situações que ameaçam a vida, os afetos positivos são benéficos de outro modo, ampliando os esquemas mentais.

Em um extenso artigo publicado em 2005 com um levantamento de mais de quatrocentos estudos e pesquisas, os autores concluem que as pessoas felizes tendem a ser bem-sucedidas em múltiplos domínios[4]. A preponderância dos afetos positivos nessas pessoas felizes é tão correlacionada com a felicidade que tais constructos podem ser considerados sinônimos. Para confirmar a alta correlação, os autores recorrem a quatro classes de evidências: estudos transversais; pesquisas longitudinais ao longo do tempo; estudos experimentais de laboratório; intervenções experimentais de longo prazo que permitem determinar a direção causal das correlações positivas achadas entre os afetos positivos e o sucesso.

---

3 Cf. The Broaden-and-Build Theory of Positive Emotions, em F.A. Huppert et al. (eds.), *The Science of Well-Being*.

4 Cf. S. Lyubomirsky et al., The Benefits of Frequent Positive Affect: Does Happiness Lead to Success?, *Psychological Bulletin*, v. 131, n. 6.

A pergunta feita nesses estudos é: as pessoas felizes são bem-sucedidas? Nos domínios de trabalho, renda, relações sociais e saúde, as correlações achadas foram positivas. Resta sempre a questão de determinar a relação causal das correlações achadas: é o sucesso que provoca a felicidade ou afetos positivos ou o reverso?

Afetos positivos → Sucesso   ou   Sucesso → Afetos positivos

Quando possível, isso pode ser decidido pelas pesquisas longitudinais a longo prazo. Outras características ainda são concomitantes à ocorrência frequente dos estados afetivos positivos, como: percepção positiva de si mesmo e de outros; amabilidade e cooperação; bom comportamento social; bem-estar subjetivo físico e boa disposição[5].

Podemos considerar que os afetos positivos não são uma panaceia para todos os problemas. Primeiro porque os afetos negativos têm sua utilidade, em casos de ameaça ou perigo real. Segundo porque certo nível de ansiedade é, em alguns casos, necessário para evitar a acomodação ante questões sociais como a excessiva miséria, a iniquidade de renda, os altos índices de criminalidade e a corrupção. Enfim, se compararmos a manutenção pelos mecanismos da homeostase de certos parâmetros como batimentos cardíacos e pressão arterial com os afetos negativos e positivos, verificaremos que em ambos os casos há certo nível considerado normal, mas também que, em casos de emergência, tais parâmetros podem e devem ser alterados para o benefício do organismo. O importante será a capacidade de voltar à "normalidade" após a ocorrência emergencial.

Felicidade e saúde

Veenhoven observa que os termos "felicidade" e "saúde" são usados com significados diferentes, ainda que alguns desses significados possam se sobrepor[6]. Começa então por definir felicidade como "a apreciação global do conjunto da própria vida pela própria pessoa", e, em relação à saúde, mantém a definição tradicional e estrita de

---

5   Ibidem.
6   R. Veenhoven, Healthy Happiness: Effect of Happiness on Physical Health and the Consequences for Preventive Health Care, *Journal of Happiness Studies*, v. 9, n. 3.

"ausência de doenças ou defeitos". Essa observação toca em uma das questões semânticas básicas do estudo científico da felicidade, bem como de qualquer outra pesquisa científica: a aferição das correlações entre as variáveis estudadas deve se referir a conceitos univocamente estabelecidos entre os pesquisadores. Como a felicidade tem um significado inteiramente subjetivo, a questão se torna especialmente importante. A felicidade (definida acima como a frequência dos afetos positivos), é avaliada em geral por autorrelatos que podem eventualmente ser verificados por sinais corporais, testemunhos de terceiros etc. A saúde poderia ser aferida pela autopercepção ou relatos médicos. Veenhoven prefere confiar num dado mais objetivo: a longevidade. Em suma, as pessoas com mais saúde, em média, seriam as que viveram mais, descontadas as mortes acidentais, criminosas etc. A conclusão de Veenhoven, depois de analisar trinta pesquisas longitudinais, foi de que a felicidade não cura as doenças, mas nos protege contra elas. O efeito da longevidade em populações saudáveis é notável: equivale às diferenças entre fumar e não fumar.

A pergunta formulada por Veenhoven é: "Como conseguir maior felicidade para um número maior de pessoas?"[7] Sua resposta é:

> As pessoas vivem mais, provavelmente porque a felicidade protege a saúde física. Se isso for verdade, a saúde pública pode ser incrementada. As políticas públicas atuais apenas favorecem marginalmente a felicidade. A felicidade pode ser incrementada de vários modos: ao nível individual, com informação acerca das consequências dos vários hábitos e estilos de vida escolhidos na felicidade; com treinamento nas várias habilidades e artes de viver; e com aconselhamento profissional. Ao nível da sociedade, a maior felicidade para o maior número pode ser atingida por políticas que têm por objetivo um nível material de vida decente, o fomento da liberdade, da democracia e da boa governança.

Essas sugestões dadas por um pesquisador holandês serão aplicáveis a nós? Se não, como adaptá-las às nossas condições?

---

7   Essa pergunta é semelhante ao objetivo primordial dos filósofos utilitaristas ingleses do início do século XIX, Jeremy Bentham e Stuart Mill, em seus escritos sobre a felicidade.

Qualidade de Vida

onsideremos quatro cenários:

1. As condições de vida são boas e as pessoas assim as percebem, sentem-se bem e agem de acordo com esse sentimento. – A situação pode ser descrita como paraíso real.
2. As condições de vida são ruins, as pessoas acuradamente assim as percebem e agem de maneira apropriada. – A situação pode ser descrita como inferno real.
3. As condições de vida são ruins, mas as pessoas as percebem inapropriadamente: sentem como se fossem boas e agem de maneira imprópria. – Essa situação pode ser descrita como o paraíso do tolo.
4. As condições de vida são boas e as pessoas as percebem assim, porém sentem-se e agem impropriamente, como se fossem ruins. – A situação pode ser descrita como o inferno do tolo.

A pitoresca descrição acima pode ser encontrada em vários trabalhos que incluem a temática da qualidade de vida, e destaca dois aspectos, um objetivo e outro subjetivo[1]. Conforme Sirgy, o aspecto subjetivo da qualidade de vida está diretamente relacionado a um grupo grande de conceitos: satisfação com a vida; satisfação com domínios da vida; afetos positivos e afetos negativos; bem-estar subjetivo emocional; bem-estar subjetivo hedônico; bem-estar subjetivo; qualidade de vida percebida; felicidade; bem-estar subjetivo psicológico; eudaimonia; felicidade autêntica; florescimento; saúde mental positiva; felicidade psicológica; felicidade prudente; felicidade perfeccionista; boa vida etc.[2] Em geral, os estudiosos acreditam que esses conceitos correlatos ao aspecto subjetivo da qualidade de vida podem, resumidamente, ser agrupados em três conceitos: felicidade psicológica; felicidade prudente; e felicidade perfeccionista.

A *felicidade psicológica* compreende os conceitos relacionados à afetividade, como bem-estar subjetivo hedônico, bem-estar subjetivo emocional e afetos positivos e negativos. A *felicidade prudente* incorpora conceitos como satisfação com a vida, qualidade de vida percebida, felicidade por domínio e bem-estar subjetivo. A *felicidade perfeccionista* incorpora conceitos como eudaimonia, florescimento, saúde mental positiva, bem-estar subjetivo psicológico e desenvolvimento pessoal.

Em nossa época de globalização, temos uma ideia do que, objetivamente, são as boas condições de vida de uma sociedade: bons sistemas de saúde, educação e transporte; baixa criminalidade, o que inclui baixa corrupção; governo democrático etc. Mas nossa percepção dessas características depende em parte do nível de nosso *set point*, se somos otimistas ou pessimistas; ou, afinal, de nosso grau de ignorância; ou, como está acima, se somos mais ou menos "tolos".

O constructo "qualidade de vida" está positivamente correlacionado com outros constructos já mencionados. Apesar de largamente utilizados em pesquisas com perguntas que demandam respostas individuais[3], Kahnemann comenta que "as pessoas geralmente não sabem o quanto são felizes e precisam refletir para dar uma resposta

---

1   Cf. A.C. Michalos; S.R. Robinson, The Good Life: Eight Century to Third Century BCE, em K.C. Land et al. (eds.), *Handbook of Social Indicators and Quality of Life Research*.

2   Cf. M.J. Sirgy, *The Psychology of Qualitity of Life*.

3   Como as perguntas feitas nos questionários do Instituto Gallup e de outras instituições, por exemplo, o Eurobarometer, The British Household Panel, The European Social Values Survey, The German Socio-Economic Panel Survey e muitos outros.

ao questionário da pesquisa"[4]. Então, para obter uma resposta mais imediata, a indagação deveria ser sobre o que se definiu como felicidade objetiva, que está associada à felicidade sentida em tempo real. O método para aferi-la é o chamado MÉTODO DA RECONSTRUÇÃO DO DIA (veja esse verbete)[5].

Os indicadores objetivos da qualidade de vida são os indicadores de saúde, educação, crime, poluição, distribuição de renda etc. Os indicadores subjetivos são as respostas dadas pelos próprios participantes a questionários sobre satisfação com a vida, felicidade, felicidade pelos vários domínios (vida familiar, vida social etc.).

Para circunscrever o significado genérico e amplo do termo "qualidade de vida", Veenhoven distingue quatro aspectos da vida: oportunidades para uma boa vida; resultados; qualidades externas; e qualidades internas[6]. As oportunidades são fatores de sorte que podem ocorrer na vida de cada pessoa, como nascer com boa saúde, ser criado numa família "legal" etc. As pessoas também podem desperdiçar as oportunidades boas ou, ao contrário, se esforçar para compensar a ausência delas. Os resultados são o que as pessoas fazem com as oportunidades que encontraram. As condições externas são as do meio ambiente e as internas estão no indivíduo. A combinação dessas duas dicotomias conduz a uma matriz quádrupla.

---

4 D. Kahnemann, Objective Happiness, em D. Kahnemann et al. (eds.), *Well-Being: The Foundations of Hedonic Psychology*. Às vezes a percepção da felicidade só ocorre *a posteriori*, quando a felicidade já foi substituída pela infelicidade. Afinal, a felicidade existe por contraste à infelicidade.

5 O método da reconstrução do dia pode ser assim descrito: os participantes devem registrar, em um diário, em determinados intervalos e numa escala de 1 a 5, a intensidade de seus afetos positivos (feliz, alegre, contente etc.) e negativos (tensa, frustrada, zangada). Após 24 horas devem reconstruir, para cada episódio, sua duração, intensidade, situação, localização etc. Esse "mapa" diário, no qual, em cada episódio, a emoção (positiva ou negativa) e sua intensidade são multiplicadas por sua duração, corresponde ao "balanço" da afetividade.

6 Cf. R. Veenhoven, Notions of the Good Life, em S.A. David et al. (eds.), *The Oxford Handbook of Happiness*.

Quatro qualidades da vida[7].

	QUALIDADES EXTERNAS	QUALIDADES INTERNAS
	Viabilidade do ambiente	Habilidade de viver da pessoa
OPORTUNIDADES DA VIDA	**Ecológica:** clima moderado, ar limpo, casas espaçosas.	**Saúde física:** livre de doenças, energia, resiliência.
	Social: liberdade, igualdade, fraternidade.	**Saúde mental:** livre de enfermidades mentais, autonomia, criatividade.
	Econômica: nação generosa e rica, segurança social, desenvolvimento econômico regulado.	**Conhecimento:** alfabetização, escolaridade.
	Cultura: artes e ciências florescentes, educação de massa.	**Habilidades:** inteligência, polidez.
		Arte de viver: estilos de vida variados, gostos diferenciados etc.
	UTILIDADE OBJETIVA DA VIDA	APRECIAÇÃO SUBJETIVA DA VIDA
RESULTADOS	**Utilidade externa:** para família, criação dos filhos, cuidados com os amigos; para a sociedade, ser um bom cidadão.	**Apreciação dos aspectos da vida:** satisfação com o emprego e a variedade.
		Estados de espírito que prevalecem: depressão, tédio, entusiasmo.
		Apreciação em geral: afetiva, contentamento cognitivo com a vida.
	Maior perfeição: autenticidade, compaixão, originalidade.	

Os conteúdos acima assinalados não esgotam as possibilidades das oportunidades da vida: podem ser mencionados ainda habilidade vital; utilidade da vida; apreciação subjetiva da vida; e outros atributos poderão ser adicionados. A lista deve ser considerada mais como uma sugestão heurística, a ser aprimorada por um esquema mais completo. Mesmo assim, não é possível desenvolver aqui cada

7 Ibidem, p. 165.

um dos itens do quadro ou sequer trabalhar sobre a importância relativa de cada um deles. Todavia, no mínimo, devemos mencionar duas dimensões dessa qualidade que sobressaem.

A primeira é uma dimensão que incide sobre a percepção que cada indivíduo tem da sua própria qualidade de vida. Consiste em sua valorização de tal qualidade por valores exclusivamente hedônicos ou em seu desejo de cultivar também valores eudaimônicos. Esses valores não são mutuamente exclusivos e podem ser somados, mas em geral ocorre uma preferência individual, pela vida hedônica ou pela vida eudaimônica. Essa preferência obviamente vai alterar o peso relativo que a pessoa atribuirá aos itens do quadro das quatro qualidades da vida.

Uma segunda dimensão é desenvolvida por Wilkinson[8], de que uma sociedade mais igualitária estimula uma sociedade mais solidária, pois a desigualdade, ao contrário, estimula o conflito, a desconfiança e reduz a solidariedade entre as pessoas. A consequência é que a injustiça da desigualdade provoca uma vida mais tensa e menos segura, mais estressada, com danos para a saúde; chega a diminuir a expectativa média de vida e, obviamente, a qualidade de vida.

Outra maneira de apresentar as condições objetivas e subjetivas da qualidade da vida é o quadro exibido por Phillips[9]:

| Condições objetivas de vida | Bem-estar subjetivo | |
	Bom	Ruim
Boas	Bem-estar	Dissonância
	Os ricos felizes	*Os ricos infelizes*
Ruins	Adaptação	Privação
	Os pobres felizes	*Os pobres infelizes*

Ao compararmos o quadro acima com os quatro cenários descritos no início deste verbete, verificaremos que o paraíso do tolo pode se transformar em adaptação. Qual o momento da transformação? Quando o tolo ganha consciência de que existem casos nos quais as

---

8   Cf. R. Wilkinson, *The Impact of Inequality: How to Make Sick Societies Healthier*.
9   D. Phillips, *Quality of Life: Concept, Policy and Practice*, p. 35.

condições objetivas ruins são insuperáveis, possivelmente porque são independentes de seus esforços para transformá-las. Pela adaptação consciente, deixa de ser tolo. Como pede a conhecida Oração da Serenidade de Reinhold Niebuhr: "Conceda-nos, Senhor, três coisas: serenidade para aceitar as coisas que não podemos mudar, coragem para modificar aquelas que podem ser mudadas e sabedoria para para distinguir umas das outras."

Afinal, existe uma definição adequada sobre o que é qualidade de vida? Entre as diversas concepções, escolhemos a adotada por Phillips ao final de seu livro:

> A qualidade de vida requer que as necessidades básicas e sociais sejam atendidas e que as pessoas tenham a autonomia de escolher, apreciar e aproveitar a vida, florescer e participar como cidadãos numa sociedade com alto nível de integração cívica, conexão social e outras normas integrativas, inclusive a honestidade e a equidade, tudo isso em um ambiente global física e socialmente sustentável.[10]

10   Ibidem.

Satisfação com a Vida

Ver FELICIDADE: CONCEITOS, DEFINIÇÕES E AVALIAÇÕES.

Sociedade de Consumo

ma das medidas usuais da prosperidade de um país é o seu Produto Interno Bruto, ou PIB, formado pela soma do valor dos bens e serviços produzidos durante certo período, por exemplo, um ano. Se dividirmos o PIB pela população do país, teremos o PIB *per capita*, um indicador econômico utilizado como medida da prosperidade de países desenvolvidos, emergentes, menos desenvolvidos etc. Há outros indicadores da prosperidade que incluem mais aspectos além da atividade econômica, como o Índice de Desenvolvimento Humano (IDH), que considera, além do PIB, a expectativa média de vida e a escolaridade média da população.
A distribuição da riqueza e da prosperidade é, no entanto, bastante desigual, tanto entre os países como internamente em cada país. Em verdade, um quinto da população do mundo, ou seja, cerca de 1,4 bilhão de pessoas, vive com cerca de 2% da renda mundial. O crescimento desigual da prosperidade das nações e de seus habitantes faz com que os resultados prejudiciais do crescimento econômico – como esgotamento dos recursos naturais, aquecimento global,

diminuição da biodiversidade etc. – sejam também sentidos desigualmente entre os habitantes do mundo. Em suma, quem tem mais renda e, consequentemente, consome mais, também polui mais o planeta. Se as coisas continuarem como vão atualmente, os resultados futuros serão insustentáveis. Imagine-se um mundo com nove bilhões de habitantes, onde todas as nações tivessem o nível de abundância dos países mais ricos. A economia teria de ser cerca de quinze vezes maior do que a atual em 2050 e quarenta vezes maior até o final do século[1].

Como premissa ética, podemos imaginar que a parcela mais pobre do planeta deveria consumir mais e a parte mais rica deveria limitar seu consumo aos parâmetros atuais. Onde achar a linha de corte, o ponto onde os mais ricos (pessoas ou países) deveriam limitar ou mesmo diminuir seu consumo, e os mais pobres, ao revés, aumentar? É fácil imaginar que radicais mudanças deveriam preceder o advento dessa situação atualmente utópica.

Nossa economia é movida pelo ideário de uma prosperidade crescente: aumento anual do PIB, já que a sua mera estagnação indica desemprego crescente e a ameaça do fantasma da depressão. O aumento do consumo alimenta a criação de empregos e o aumento da produção. Os produtos industriais podem, já, ter uma durabilidade tal que atrasaria sua substituição por produtos novos, que seriam dispensáveis por não apresentarem qualquer inovação técnica ou estética relevante – mas a produção pode ser incrementada através da denominada "obsolescência planejada". A obsolescência, em verdade, não é somente dos produtos, mas também um valor negativo do ideário da sociedade de consumo. A compra do modelo do ano de um automóvel não é, muitas vezes, decidida porque o modelo que a pessoa possuía se tornou "obsoleto" em termos técnicos ou estéticos, mas porque isso aumentaria seu *status* socioeconômico e, com isso, sua "felicidade".

Os princípios básicos que alimentam nossa economia globalizada incluem um aumento constante da produção de bens e serviços (aumento do PIB), produtividade crescente e consequentes aumentos também do consumo de matéria-prima e da poluição produzida pela combustão de derivados fósseis. Não obstante, o sistema não impede uma distribuição iníqua da renda, o que resulta nos bolsões de pobreza

---

I   Cf. T. Jackson, *Prosperity without Growth? The Transition to a Sustainable Economy.*

que conhecemos no mundo moderno: ricos cada vez mais ricos e bolsões de miséria extrema maiores e frequentes.

O desejo de consumir bens materiais transcende então as necessidades básicas, ou melhor, o que não era básico passa a sê-lo. Se esse desejo é legítimo nas classes de menor renda, passa a percolar todas as classes econômicas, alimentado por uma publicidade cujo efeito se baseia, pelo menos em parte, na carência de autoafirmação e autorrealização baseados no prestígio que outorgam a posse de determinados objetos. As roupas de luxo e de grife, o carro de determinada marca e as próprias casas adquirem um significado simbólico e de troca que superam muito seu valor de uso. Esse processo é, todavia, autoalimentado e as pessoas acabam colhidas no que se denomina de ESTEIRA ROLANTE HEDÔNICA (*Hedonic Treadmill*). As pessoas passam então a autorrelatar o seu bem-estar a partir de valores hedonistas, prazeres que lhes oferecem a posse de bens que nem todos possuem, ou comer aquilo que nem todos podem comer, vestir o que nem todos podem vestir, viagens que nem todos podem fazer etc.[2]

Mas esse mundo, iníquo que seja, poderia se autorreproduzir num planeta com recursos naturais inesgotáveis, capacidade infinita de absorver o carbono resultante do crescente consumo de bens fósseis, biodiversidade sujeita à devastação humana etc. Afinal, o que pode pôr termo a esse sistema? Crises econômicas cada vez mais intensas? Revoltas frequentes dos despossuídos?

Uma coisa é, no entanto, segura: são finitos os recursos para manter o crescimento econômico contínuo. A locomotiva sem freios segue velozmente ao ponto sem retorno. Essa situação já tinha sido antevista no século passado – mais precisamente em 1968, com a criação do Clube de Roma, grupo de pessoas influentes de diversas áreas que visava debater o desenvolvimento sustentável, e que resultou na publicação de um livro de autoria de Donella e Dennis Meadows, Jørgen Randers, William W. Behrens III, *Os Limites do Crescimento*. O que se pode fazer senão redefinir as condições de felicidade e de bem-estar subjetivo num mundo consumista inviável?

---

2 Um aspecto perverso, mas bastante humano, da felicidade é proporcionado pela percepção de alguém mais feliz ou mais infeliz: a felicidade alheia nos incomoda mais do que a própria infelicidade. Do mesmo modo, a percepção do mais rico nos incomoda, e a percepção do mais pobre, ao contrário, nos conforta, como diz o senso comum: "nada conforta mais nossa miséria do que a miséria alheia".

Uma dessas propostas está contida em *Prosperity without Growth? The Transition to a Sustainable Economy, de Tim Jackson,* que apresenta doze passos em direção a uma economia sustentável (divididos em três itens com quatro subitens cada).

Doze passos para uma economia sustentável
A Construção de uma macroeconomia sustentável:

A_1 Desenvolver a capacidade macroeconômica
A_2 Investir em empregos, ativos e infraestrutura
A_3 Incrementar a prudência fiscal e financeira
A_4 Aperfeiçoar a contabilidade macroeconômica

B Proteção das capacidades para o florescimento (eudaimonia):

B_1 Partilhar o trabalho e aperfeiçoar o equilíbrio trabalho-vida.
B_2 Lidar com a desigualdade do sistema
B_3 Medir a prosperidade
B_4 Fortalecer o capital humano e social
B_5 Reverter a cultura do consumismo

C Respeito aos limites ecológicos

C_1 Impor limites claramente definidos para as capacidades de recursos e emissões
C_2 Reforma fiscal para a sustentabilidade
C_3 Promoção da transferência de tecnologia e proteção do ecossistema.

Não há obviamente espaço aqui para uma análise de cada item. Um deles, todavia, a reversão da cultura consumista, depende de uma mudança de valores que caso se iniciasse pelos mais ricos poderia, com o tempo, abranger todas as classes sociais. No vocabulário da felicidade, trata-se de substituir pelo menos uma parte dos exagerados valores hedonistas por valores eudaimonistas, que dependem menos do consumo de bens ou serviços e mais do desenvolvimento de potencialidades espirituais e criativas.

Outra proposta é a de Amartya Sen, para quem "o desenvolvimento significa um processo de expandir as reais liberdades de que as pessoas dispõem"[3]. Com essas liberdades poderão, a seu arbítrio, expandir seu desenvolvimento. Claro que o crescimento do PIB e da renda pessoal são meios para expandir as liberdades usufruídas pelos membros da sociedade. A partir dessas liberdades, poderemos usá-las do melhor modo para conseguir aumentar o bem-estar subjetivo. Como já dizia o filósofo estoico Epiteto: "o importante não são

---

3 Cf. *Development as Freedom.*

as coisas, mas o significado que damos a elas". A felicidade então é o que ela significa para cada um de nós. E sua obtenção será facilitada pela expansão das mencionadas liberdades. E quais são essas liberdades instrumentais? Para Amartya Sen, são em número de cinco:

1. *Liberdades políticas* são os chamados direitos civis, isto é, liberdade de escolher representantes e governantes por eleições livres; liberdade de opinião e da imprensa; liberdade de crítica etc.; livre constituição dos partidos políticos com seus respectivos programas de governo etc.
2. *Facilidades econômicas* se referem às oportunidades que as pessoas dispõem para utilizar recursos econômicos com finalidade de consumo, produção ou troca de acordo com regras e leis aprovadas pela comunidade, por meio de seus representantes livremente eleitos.
3. *Oportunidades sociais* se referem aos arranjos que a sociedade organiza para a educação e os serviços de saúde, que influenciam e ampliam o leque de opções do indivíduo para viver melhor. Tais facilidades importam tanto para melhorar a qualidade de vida das pessoas quanto para o seu exercício da atividade econômica, participação da vida política etc.
4. *Garantias de transparência* previnem a corrupção e a impunidade na condução dos negócios públicos e privados.
5. *Segurança protetora* são medidas que impedem que as pessoas sejam reduzidas à miséria, com instituições fixas como seguro desemprego, aposentadoria e demais direitos sociais e trabalhistas.

Em suma, os valores do ideário da superestrutura da sociedade consumista implicam num crescimento econômico constante, uma vez que a ideia de estagnação assusta e derruba governos, porque sinaliza recessão, desemprego e suas consequências indesejáveis. O crescimento contínuo, por sua vez, é inviável: esse é o dilema, ou "nó górdio", que nossas sociedades necessitam desatar.

Teorias do "Set Point"

O núcleo das teorias do *set point* afirma que pessoas adultas têm um nível constante de bem-estar subjetivo, que seria invariável para cada pessoa, determinado em parte geneticamente, mas também influenciado por traços de personalidade e eventos ocorridos na infância[1]. Eventos importantes negativos, como um grave acidente com sequelas permanentes, ou positivos, como ganhar na loteria, podem causar uma variação respectivamente para baixo ou para cima do *set point*, mas o valor voltaria ao nível básico após certo tempo. Algumas exceções disso foram constatadas após eventos que podem ter uma profunda repercussão, como desemprego prolongado ou perda de um parceiro matrimonial na velhice.

---

[1] Algumas traduções possíveis para *set point* (grafado também *setpoint* e *set-point*) seriam "nível básico", "valor de base" e "ponto preferencial"; preferimos, no entanto, utilizar o termo *set point*, já consagrado internacionalmente.

As teorias do *set point* descrevem uma série de variantes: traços de personalidade, visão cultural, manutenção homeostática, disposição genética, entre outros[2].

a. Traços de personalidade: segundo essa variante, o nível básico de felicidade de cada pessoa depende bastante de seus traços de personalidade, herdados ou adquiridos, como a extroversão ou o neuroticismo, isto é, corresponde a uma predisposição afetiva de reagir de certa maneira em relação aos eventos.

b. Visão cultural: as características nacionais de um povo influenciam seu nível de felicidade mais do que as alegrias ou tristezas individuais das pessoas[3].

c. Manutenção homeostática: para alguns autores[4], ocorre com a felicidade algo semelhante ao que ocorre com outras variáveis como a temperatura, a composição química do sangue etc.: o organismo busca manter-se em um nível constante; a felicidade também seria mantida num nível constante (cerca de 7 a 8 pontos numa escala Likert de 0 a 10 pontos). Desse modo, as variações por contingências da vida, positivas ou negativas, são corrigidas de volta ao nível básico. A homeostase, nesse modelo, é obtida por vários fatores, como traços de personalidade, autocontrole, autoestima e otimismo, que absorvem os impactos no bem-estar subjetivo. Os processos de ADAPTAÇÃO constituem a primeira linha de defesa contra fatores extrínsecos que alteram o nível do bem-estar subjetivo.

O mecanismo homeostático que regula e defende a manutenção do *set point* básico tem, no entanto, uma capacidade limitada. Supondo-se o *set point* básico de uma pessoa em 7,5 pontos numa escala de

---

2   R. Veenhoven, How We Do Assess How Happy We Are? Tenets, Implications and Tenability of Three Theories, em A.K. Dutt; B. Radcliff (eds.), *Happiness, Economics and Politics: Towards a Multi-Disciplinary Approach*, p. 45s.

3   Será apenas folclórico o comentário comum de que "o brasileiro é um povo alegre"? A comparação entre os vários índices de bem-estar encontrados pelas pesquisas internacionais do Instituto Gallup colocam, numa escala de 1 a 10, nos primeiros lugares, os países mais ricos, desenvolvidos e com menor desigualdade social (em geral 8 pontos em 10 ou mais); e nos últimos lugares colocam os países mais atrasados econômica e socialmente (cerca de 4). O Brasil, como país emergente em renda, mas com grande desigualdade social, aparece com o nível 6,9 (conforme pesquisa anterior à crise), não muito distante dos países mais ricos, apesar de sua renda mediana e de sua grande desigualdade na distribuição de renda.

4   Cf. R.A. Cummins et al., A Model of Subjective Well-Being Homeostasis: The Role of Personality, em E. Gullone; R.A. Cummins, (eds.), *The Universality of Subjective Well-Being Indicators*.

o a 10, os fatores externos capazes de alterar esse valor de base são compensados pela homeostase, por hipótese, até um valor máximo de 1,5 pontos para cima ou para baixo, isto é, de 6 a 8 seria o intervalo de regulação. Além dessa margem, o sistema homeostático pode entrar em colapso. Para alguns autores, os sintomas desse colapso equivalem aos sintomas da depressão, quando o desvio for para baixo[5].

d. Disposição genética: tal variante da teoria do *set point* recebeu um grande impulso após o resultado do estudo de David Lykken e Auke Tellegen, que comparou milhares de gêmeos univitelinos e concluiu que 80% da diferença no nível básico da felicidade das pessoas são determinados pela hereditariedade[6]. Desde então, as evidências para essa variante reforçaram a crença no nível constante do bem-estar subjetivo, a ponto de ser considerada paradigmática.

Não obstante, pesquisas longitudinais, especificamente as realizadas pelo German Socio-Economic Panel (SOEP, 1984-2004), evidenciaram com clareza determinadas mudanças a longo prazo dos *set points* em indivíduos pertencentes a grupos minoritários da população[7]. Os resultados dessas pesquisas, que duraram vinte anos, mostraram que cerca de 20% de uma amostra representativa da população exibiu mudanças aparentemente permanentes do seu nível de satisfação com a vida. Cerca de 6% da população registraram ganhos de cerca de dois ou mais pontos, numa escala de 0 a 10 pontos de satisfação com a vida; e cerca de 13% da população registraram substancial e permanente declínio. Esses fatos colocaram algumas dúvidas em relação à invariabilidade do *set point*.

A tese da manutenção de um nível constante da felicidade, satisfação com a vida ou bem-estar subjetivo, isto é, do *set point*, tem sido examinada com relação a vários fatores[8]. Pesquisas mostraram que, em certas condições, o desemprego pode alterar de modo permanente

---

5   Cf. R.A. Cummins et al., Subjective Wellbeing Homeostasis, em K.C. Land et al. (eds.), *Handbook of Social Indicators and Quality of Life Research*.

6   Cf. D. Lykken; A. Tellegen, Happiness Is a Stochastic Phenomenon, *Psychological Science*, v. 7, n. 3.

7   Cf. G.G. Wagner et al., The German Socio-Economic Panel Study (SOEP) – Scope, Evolution and Enhancements, *Schmollers Jahrbuch – Journal of Applied Social Science Studies*, v. 127, n. 1.

8   Esses conceitos não têm exatamente o mesmo significado, mas os resultados dos testes para aferi-los mostram um alto índice de correlação.

o *set point*. Uma delas consistiu num estudo longitudinal de quinze anos, da adaptação ao desemprego; seus resultados mostraram que as pessoas não voltaram ao nível anterior de base do *set point*, mesmo após serem reempregadas. Mesmo depois de um curto período desempregadas, as pessoas não retornavam ao nível anterior de satisfação com a vida, havendo nesse aspecto grandes variações individuais[9].

Diversas questões estão sendo investigadas sobre como se estabelece o nível do *set point*. Será determinado geneticamente? Nesse caso, parcial ou totalmente? Qual a influência do meio no qual a criança se desenvolve? Qual a frequência e a duração dos desvios da linha básica? Serão os desvios constantes correlatos à instabilidade emocional do indivíduo? Essas questões são importantes na medida em que o conhecimento de suas respostas pode sugerir ações para eventualmente aumentar o nível básico do bem-estar subjetivo, o que seria sem dúvida desejável, mas impossível se esse nível básico for, na sua maior parte, invariável. É nesse ponto que a polêmica pode transcender o nível científico e adquirir um matiz político[10].

De um modo mais amplo, algumas revisões têm sido sugeridas ao modelo da invariabilidade do nível básico do bem-estar subjetivo. Uma pesquisa empírica indica a necessidade de cinco revisões:

1. Os *set points* individuais não são neutros em relação a certas contingências externas.
2. As pessoas têm diferentes *set points* que, em parte, dependem de seus temperamentos.
3. Uma mesma pessoa pode ter múltiplos *set points* de felicidade. Componentes diferentes do bem-estar subjetivo, como emoções agradáveis e emoções desagradáveis, podem mudar em direções diferentes da satisfação com a vida.
4. Os *set points* podem mudar dependendo das circunstâncias.
5. Os indivíduos diferem em sua adaptação aos eventos; algumas pessoas mudam seus *set points* em relação a determinados eventos e outras não mudam.

---

9 Cf. A.E. Clark et al., Unemployment Alters the Set Point for Life Satisfaction, *Psychological Science*, v. 15, n. 1.

10 É claro que ao se considerar a evidência da determinação genética da linha básica do BES e a consequente impossibilidade de intervenção para alterá-la, muda-se todo o programa sob a possibilidade de melhorar o *set point* a partir de ações públicas.

Trabalho em Organizações

ma organização pode ser qualquer instituição pública ou privada, com ou sem fins lucrativos, o que inclui fundações, empresas de produção de bens ou de prestação de serviços, estabelecimentos comerciais, industriais, de ensino, religiosos, esportivos etc. São locais onde as pessoas se reúnem e se organizam com determinadas finalidades, obedecendo a princípios e regulamentos. São locais de trabalho tanto produtivo como administrativo e possuem geralmente uma estrutura hierárquica de poder.

A maioria das organizações comerciais e industriais no sistema liberal e competitivo tem, em geral, como finalidade principal a obtenção de lucro, destinado a ser distribuído aos proprietários ou acionistas, no caso de sociedades anônimas. As exceções são as organizações sem fins lucrativos: instituições estatais de ensino e pesquisa, certas fundações etc. Visando o lucro e seu aumento contínuo, os administradores podem aumentar a produtividade com procedimentos legítimos e de acordo com a legislação de cada país, além de medidas como redução de custos e outras.

Trabalhar em uma organização influencia o bem-estar subjetivo, bem como os aspectos físico, psicológico e social do bem-estar: o trabalho pode ser fonte de sustento, alegria, frustração, ampliação do capital social, significado na vida ou tédio.

Em uma revisão abrangente sobre essa problemática, compreendendo as últimas décadas do século XX, Peter Warr distingue o bem-estar subjetivo geral do bem-estar subjetivo por domínio (família, renda, saúde, trabalho etc.)[1]. Além disso, escolhe três eixos principais de referência para aferir tanto o bem-estar subjetivo geral como o bem-estar subjetivo por domínio – no caso, o domínio do trabalho remunerado em organizações (instituições, empresas, indústrias, escritórios, escolas etc.). Os três eixos são: desprazer e prazer; ansiedade e conforto; depressão e entusiasmo. Associadas a esses três eixos, Warr determinou dez dimensões pelas quais os empregos são caracterizados e diferem entre si.

1. *Oportunidade para exercer o controle pessoal*: espaço para tomar decisões; autonomia; ausência de supervisão constante; autodeterminação; participação na tomada de decisões; liberdade de escolha.
2. *Oportunidade para utilizar habilidades específicas:* habilidades valorizadas e requisitadas.
3. *Objetivos gerados externamente*: demandas do emprego; demandas da tarefa; carga de trabalho; conflitos etc.
4. *Variação:* no conteúdo e na localização do emprego.
5. *Clareza ambiental*: informação acerca das consequências do comportamento; informação acerca do futuro.
6. *Disponibilidade de dinheiro*: nível de renda; montante do pagamento, recursos financeiros.
7. *Segurança física*: ausência de perigo; boas condições de trabalho; condições adequadas do equipamento ergonômico.
8. *Apoio da supervisão*: consideração do líder; apoio do patrão e da gerência; liderança efetiva.
9. *Oportunidade de contato interpessoal*: quantidade de interação; contato com outros; densidade social; privacidade adequada; qualidade da interação; boa relação com os outros; apoio social; boa comunicação.

---

[1] P. Warr, Well-Being and the Workplace, em D. Kahneman et al. (eds.), *Well-Being: The Foundations of Hedonic Psychology*.

10. *Valor da posição social*: avaliação do *status* social do emprego; posição social; prestígio ocupacional; significado do emprego; autorrespeito devido ao emprego.

As variáveis correspondentes a cada uma dessas dez características se mostraram correlacionadas com os três eixos acima mencionados. Assim, empregos altamente avaliados são acompanhados por alto bem-estar subjetivo no domínio do trabalho. Um alto grau de demandas e exigências no emprego (item 3) está associado com baixo bem-estar subjetivo. Muitas outras associações do gênero foram mencionadas no trabalho de Warr.

Nosso objetivo principal, todavia, é mostrar como, nesse setor da pesquisa, o domínio da ciência da felicidade evoluiu desde o final do século xx até a primeira década e meia do século xxi. Como ilustração, utilizamos alguns artigos publicados em *The Oxford Handbook of Happiness*, edição de 2013.

Práticas virtuosas em organizações

O primeiro desses artigos é dedicado a um conceito recente, a virtuosidade nas organizações, como fonte de felicidade[2]. A palavra *virtu*, em latim, equivale à palavra grega *arête*, designa excelência, ou a virtuosidade, descrita por Aristóteles como o desejo de produzir boas ações tanto pessoais como sociais. Nesse sentido é que se pensa em famílias virtuosas ou organizações virtuosas. A virtude se associa à felicidade no seu sentido eudaimônico, isto é, da busca do bem por si mesmo e não como meio instrumental para atingir outro objetivo. Numa sociedade globalizada e altamente competitiva cuja finalidade precípua é a sobrevivência, a organização virtuosa, notadamente a empresa virtuosa, pode se tornar um conceito polêmico. Pois se a "virtude" de uma empresa utiliza uma parcela de seu custo sem gerar a contrapartida em benefício pecuniário ou de prestígio social proporcional, ela não diminuiria sua capacidade competitiva para sobreviver? Não deixa de ser significativo para o nosso tempo

---

2   Cf. K.S. Cameron; A. Caza, Virtuousness as a Source of Happiness in Organizations, em S.A. David et al. (eds.), *The Oxford Handbook of Happiness*.

as pesquisas mostrarem que determinadas "virtudes" podem reverter em benefícios tangíveis para a organização.

As práticas virtuosas nas organizações foram definidas por seis características: *cuidados*, quando as pessoas se cuidam e são responsáveis umas pelas outras; *compaixão*, quando as pessoas apoiam aquelas que estão enfrentando dificuldades; *perdão*, quando perdoam os erros dos outros em vez de culpabilizá-los; *inspiração*, quando as pessoas se inspiram mutuamente no trabalho; *significado*, que é ressaltado mutuamente; *respeito*, quando as pessoas se tratam com respeito e confiança mútua.

Um estudo[3] com 29 organizações de serviços de saúde mostrou que uma mudança nos parâmetros que aferiam a virtuosidade resultava em melhoria da satisfação dos pacientes, dos funcionários da organização, retenção dos funcionários, melhoria do clima de trabalho e da avaliação externa da qualidade do trabalho.

São sugeridas três explicações para tais resultados da virtuosidade. O *efeito amplificador* da virtuosidade de uma organização acaba por influenciar seus funcionários, despertando emoções positivas como gratidão, contentamento, compaixão etc., e esses sentimentos vão também melhorar seu desempenho. A virtuosidade tende a aumentar a felicidade individual e esta, por sua vez, confirma o ambiente virtuoso: instala-se então um *círculo virtuoso*[4]. O *efeito amortecedor* ocorre em sentido inverso: o ambiente virtuoso amortece as emoções negativas, como a tristeza, a raiva, desenvolvendo a resiliência das pessoas. O virtuosismo do ambiente também desenvolve o *heliotropismo*, que é a tendência dos seres vivos de serem atraídos por fontes de energia positiva e vitais, bem como de evitarem a energia negativa.

A felicidade ou a infelicidade das pessoas que trabalham em organizações podem se originar nas condições ou características dos empregos ou nos próprios empregados. Na lista a seguir, Peter Warr identifica as doze principais características do emprego associadas à felicidade ou infelicidade. Um emprego que é psicologicamente bom mostra-se, em geral, bem-aquinhoado em pelo menos algumas dessas características:

---

3   Cf. M.C. Jensen, Value Maximization, Stakeholder Theory, and the Corporate Objective Function, *Business Ethics Quarterly*, v. 12, n. 2.

4   Cf. K.S. Cameron; A. Caza, op. cit.

1. Oportunidade de controle pessoal: influência pessoal, autonomia, poder de decisão, participação.
2. Oportunidade para a aquisição e uso de habilidades: situações que permitem aplicar e desenvolver especialidades e conhecimento.
3. Objetivos gerados externamente: exigências externas, conflitos de papéis, identidade da tarefa, competição de colegas, conflitos lar-trabalho.
4. Variedade: variedade nas tarefas, nos contatos sociais, na locação do trabalho.
5. Clareza do ambiente: tarefas, resultados e papéis claros.
6. Contatos com os outros: quantidade e qualidade das relações sociais, dependência dos outros, trabalho em equipe.
7. Disponibilidade de dinheiro: pagamento por resultados; nível de pagamento.
8. Segurança física: condições de trabalho, qualidade do equipamento, fatores aleatórios.
9. Valor da posição social: significado da tarefa ou do papel; contribuição para a sociedade.
10. Apoio da supervisão: consideração da chefia e supervisão.
11. Perspectiva da carreira: segurança no emprego, oportunidade para promoção e para outros papéis.
12. Equidade: imparcialidade na organização e na sua relação com a sociedade[5].

As questões seguintes buscam auxiliar em julgamentos íntimos e múltiplos acerca da felicidade ou infelicidade de uma situação, posição ou trabalho.

1. Comparação com outras pessoas: como a minha situação se compara com a de outra pessoa ou grupo?
2. Comparação com outras situações: como fica minha situação quando:
   a. Situação atual comparada com a situação esperada? Fica melhor? Fica pior?
   b. Situações contrafactuais: poderia minha situação ter se desenvolvido por outros caminhos?
3. Comparação com outros tempos: até agora a situação deteriorou ou melhorou?
   a. Tendências prévias ou ficou a mesma?
   b. Futura tendência provável: de agora em diante a situação provavelmente vai deteriorar, melhorar ou ficar igual?

---

5 P. Warr, Jobs and Job-Holders: Two Sources of Happiness and Unhappiness, em S.A. David et al. (eds.), *Oxford Handbook of Happiness*.

4. Acesso a situações relativas à autoeficácia: meu desempenho foi ou é efetivo nesta situação?
5. Acesso a novidades ou à familiaridade: a situação é usual ou rotineira?
6. Acesso à saliência pessoal:
    a. Importância atribuída ao papel de membro: quero estar nesse papel?
    b. A característica do papel: eu valorizo esta característica?
    c. Atração atribuída a tarefas desse papel: gosto das coisas que tenho de fazer?
7. As duas perspectivas da felicidade nas organizações:
    a. Vistas como função das características do emprego.
    b. Vistas como centradas na pessoa podem ser associadas na aferição da influência do trabalho na organização em relação à felicidade ou bem-estar subjetivo de seus funcionários.

Validade

Ver CONFIABILIDADE E VALIDADE.

Valores Culturais e Geográficos

A causa principal de uma vida feliz está no interior de cada um.
DALAI LAMA

s afetos positivos e negativos, ou seja, as emoções em geral, constituem a dimensão emocional da felicidade (veja os verbetes AFETOS POSITIVOS E AFETOS NEGATIVOS, BEM-ESTAR SUBJETIVO e MEDIDA DA FELICIDADE, com o questionário sugerido pela OCDE para aferir bem-estar). Na cultura ocidental e principalmente nos países de sistema político liberal e economia de mercado, a felicidade é considerada geralmente como um ganho pessoal, graças, em parte, a uma herança genética (TEORIAS DO "SET POINT") e em parte a fatores como o meio familiar e meio social favoráveis, a saúde, o CAPITAL PSICOLÓGICO, o CAPITAL SOCIAL e outros atributos. Além disso, o bem-estar subjetivo depende de um esforço pessoal, do aprimoramento de qualidades e capacidades pessoais, cognitivas, emocionais e de caráter.
Numa cultura que valoriza sobretudo o individualismo, a felicidade resulta da *virtu* e da *fortuna* individuais, célebres condições de Machiavel para o sucesso. *Virtu* no sentido

de *aretê* do grego, isto é, não apenas a virtude moral, mas também no sentido de competência. *Fortuna* é a sorte ou o fator aleatório. Qual seria a proporção dos fatores *virtu* e *fortuna* na receita do bolo da felicidade? Possivelmente, uma proporção variável de pessoa para pessoa.

Em psicologia, tradicionalmente os afetos são vistos, em boa parte, como determinados biologicamente[1]. Em textos mais recentes, no entanto, muitos psicólogos, principalmente os de tendência culturalista, têm considerado que as emoções não se originam diretamente de mecanismos neurológicos ou fisiológicos, mas são mediadas pelo contexto cultural. Desse ponto de vista, as pessoas de diferentes culturas podem conotar o termo "felicidade" com significados de matizes diferenciados[2]. Isso significa que também as motivações, atitudes e ações que as pessoas desenvolvem para conquistar a felicidade podem variar com a cultura. Uma importante consequência disso é que os questionários uniformes, empregados nas pesquisas nacionais em países com traços culturais distintos, podem não ser comparáveis entre si; ou seja, a felicidade aferida nesses países talvez não seja a "mesma", isto é, existe grande possibilidade de a felicidade não ter o mesmo significado em todas as culturas. Disso resulta certa fragilidade da comparação internacional de questionários baseados em questões idênticas.

Um exemplo disso está em certos traços culturais que prevalecem nas culturas europeias e norte-americana por um lado, e nas culturas do leste asiático por outro. Nas primeiras, prevalece a crença num ego individual que se comunica com outros egos a partir de diversas formas: linguagem falada, corporal etc. A crença de um ego independente e autônomo é questionada em algumas culturas do leste asiático, em que a felicidade, em vez de ser uma realização individual, provém da realização de uma harmonia social[3]. A consequência disso é que a conquista do sucesso, em vez de ser uma característica almejada e conseguida pelo esforço individual, passa a ser uma realização coletiva, da família, do grupo social etc. Essas diversidades culturais no significado da felicidade podem gerar diferenças em três domínios:

---

1 P. Ekman, An Argument for Basic Emotions, *Cognition and Emotion*, v. 6, n. 3-4.
2 Y. Uchida et al., Cultural Constructions of Happiness: Theory and Empiric Evidence, *Journal of Happiness Studies*, v. 5, n. 3.
3 Cf. S. Kitayama; H.R. Markus, The Pursuit of Happiness and the Realization of Sympathy: Cultural Patterns of Self, Social Relations, and Well-Being, em E. Diener; E.M. Suh (eds.), *Culture and Subjective Well-Being*.

nos significados culturais da felicidade; nas motivações para a busca da felicidade; e nos constructos correlatos da felicidade.

As diferenças entre os indicadores de bem-estar subjetivo dos países pesquisados são geralmente atribuídas às discrepâncias de condições materiais de vida desses países, que são representadas por distinções nos respectivos PIB *per capita*. Há casos, todavia, em que as tais diferenças subsistem entre países que apresentam renda *per capita* semelhante e mantêm entre si uma sensível diferença entre o bem-estar subjetivo médio de suas respectivas populações. Por exemplo, a variação desse indicador entre os Estados Unidos e o Japão (ver FELICIDADE NOS DIVERSOS PAÍSES). Essa diferença pode ser atribuída a fatores culturais ligados a certo pudor em revelar um alto valor do bem-estar subjetivo pessoal.

O que poderiam causar essas diferenças no valor das respostas às enquetes nacionais sobre o bem-estar subjetivo? Assim responde Diener:

> Uma causa potencial é que algumas culturas podem desvalorizar a expressão individual e decretar que as pessoas sejam relativamente semelhantes. Em tais culturas, pode não ser desejável dizer que alguém é mais feliz porque dessa forma tal pessoa se destacaria da média. É mais desejável dizer que alguém está próximo da linha média. Nestas culturas, poderia ser vista como arrogante e orgulhosa a pessoa que se julgasse muito feliz[4].

Há um crescente interesse pelas pesquisas de campo sobre a felicidade (ver POLÍTICAS PÚBLICAS). Os questionários para verificar e medir as respostas autorrelatadas sobre felicidade, bem-estar subjetivo ou satisfação com a vida têm sido utilizados em dezenas de países, nos cinco continentes. Contudo, subsistem dúvidas sobre a validade dos resultados dessas pesquisas. Uma delas é saber se a felicidade pode ser significativamente comparada entre as nações. Outra dúvida é sobre a existência do viés cultural de cada região, que pode incidir sobre as respostas[5].

Como a felicidade autorrelatada das pessoas é influenciada pela cultura na qual estão imersas? Se em traços gerais a cultura favorece

---

4 Cf. E. Diener et al., National Differences in Reported Subjective Well-Being: Why Do They Occur?, *Social Indicators Research*, v. 34, n. 1.

5 R. Veenhoven, Cross-National Differences in Happiness: Cultural Measurement Bias or Effect of Culture?, *International Journal of Wellbeing*, v. 2, n. 4.

a alegria e o otimismo, os autorrelatos de felicidade tendem a indicar um valor maior do que se a cultura favorece o pessimismo. Assim, muitos autores explicam por que o nível médio de felicidade do norte-americano é superior ao do francês, apesar de o PIB *per capita* ser semelhante em ambos países[6]. Nessa linha de pensamento, podemos justificar o índice de felicidade do brasileiro ser relativamente alto em relação à sua renda devido à alegria ser um traço cultural do povo brasileiro e que se manifesta em festas populares como o Carnaval.

Qual é, no entanto, o grau em que os valores culturais influenciam a percepção da felicidade? Se a felicidade fosse apenas um constructo social, ela deveria variar independentemente de sua correlação com outros fatores, mas Veenhoven nos lembra de que isso não ocorre. Assim, no que diz respeito às condições de vida, a felicidade é sistematicamente mais alta nos países com alta renda, liberdade política, solidariedade, justiça e baixo índice de corrupção (veja a tabela no verbete FELICIDADE NOS DIVERSOS PAÍSES, as dez primeiras colocações). Em cada país, as pessoas melhor colocadas na escala social e financeira são mais felizes, do mesmo modo que as que dispõem de maior CAPITAL SOCIAL e CAPITAL PSICOLÓGICO. As pessoas casadas geralmente são mais felizes do que as que vivem sós.

Sabemos, por outro lado, que a felicidade individual varia após determinados eventos, seja aumentando em condições favoráveis, seja diminuindo em condições desfavoráveis, mas tende a voltar ao nível anterior aos eventos após certo tempo. Apenas quando os eventos são de gravidade extrema a mudança da felicidade se torna permanente. Isso é o que nos mostram as TEORIAS DO "SET POINT". Podemos considerar, após essas verificações, que, em geral, a influência dos fatores culturais sobre a felicidade não se sobrepõe aos fatores mencionados acima. Algumas exceções, no entanto, subsistem. Uma delas é a mencionada diferença entre a cultura ocidental e a cultura oriental.

A questão da felicidade, em realidade pode envolver várias disciplinas. Uma questão que se pode propor é saber em que medida o lugar onde moramos afeta o nosso bem-estar subjetivo, ou qual o impacto de variáveis físicas, como o clima e o ambiente físico, e das sociais, como características socioeconômicas da vizinhança etc.

---

6   Ibidem.

Recentemente, os pesquisadores têm procurado as correlações entre os autorrelatos de felicidade e variáveis geográficas como clima, localização urbana e outras. Há um considerável impacto de fatores geográficos sobre a satisfação com a vida e o bem-estar subjetivo.

Uma pesquisa sobre lares na Inglaterra (British Household Panel Survey), conjuntamente com o censo da população do Reino Unido, foi feita com o objetivo de aferir a natureza e a extensão das variações da felicidade e do bem-estar subjetivo, para determinar a importância relativa da área (distrito, região) dos lares nas características individuais de bem-estar subjetivo.

Levando em conta os diferentes níveis, os pesquisadores investigaram se qualquer dessas áreas foi associada a sentimentos específicos, positivos ou negativos, de felicidade, ou de bem-estar subjetivo. Enquanto a maior parte dessas medidas foi atribuída ao nível individual, alguma variação foi localizada no nível das áreas, especificamente na medida do bem-estar subjetivo. Isso ocorreu nas medidas feitas antes do controle do conjunto completo das características individuais, dos lares e da área. Não obstante, uma vez controladas essas características, não foi encontrada uma variação estatisticamente significante da felicidade e do bem-estar subjetivo[7].

A pesquisa entre a felicidade individual e o contexto, não só o cultural como o socioeconômico, é de enorme interesse para as POLÍTICAS PÚBLICAS da felicidade. Todavia, a amplidão do tema e sua complexidade requerem o esforço de pesquisadores pertencentes a várias disciplinas: sociologia, psicologia, urbanismo etc. Várias pesquisas internacionais em andamento acenam com resultados promissores.

---

7 D. Ballas; M. Tranmer, Happy People or Happy Places? A Multilevel Modeling Approach to the Analysis of Happiness and Well-Being, *International Regional Science Review*, v. 35, n. 1.

Referências

ALBA, G.R.; TOIGO, T.; MACKE, J. Estado de "Flow" em uma Equipe de Basquetebol Profissional. VI Simpósio de Excelência em Gestão e Tecnologia – SEGET, Resende, 2009. *Anais...* Resende: AEDB, 2009. Disponível em: <https://www.aedb.br>.

BALLAS, D.; TRANMER, M. Happy People or Happy Places? A Multilevel Modeling Approach to the Analysis of Happiness and Well-Being. *International Regional Science Review*, v. 35, n. 1, jan. 2012.

BALTES, Paul B.; BALTES, Margret M. Psychological Perspectives on Successful Aging: The Model of Selective Optimization With Compensation. In: BALTES, Paul B.; BALTES, Margret M. (eds.). *Successful Aging: Perspectives From Behavioral Sciences*. New York: Cambridge University Press, 1990.

BENTHAM, Jeremy. An Introduction to the Principles of Morals and Legislation. In: MACK, Mary Peter (ed.). *A Bentham Reader*. New York: Pegasus, 1969.

BENWARE, Carl A.; DECI, Edward L. Quality of Learning With an Active Versus Passive Motivation Set. *American Educational Research Journal*, v. 21, n. 4, jan. 1984.

BERG, Anne Ingeborg; HOFFMAN, Lesa; HASSING, Linda B.; MCCLEARN,Gerald E.; JOHANSSON, Boo. What Matters, and What Matters Most, for Change in Life Satisfaction in the Oldest-Old? A Study Over 6 Years Among Individuals 80+. *Aging and Mental Health*, v. 13, n. 2, 2009.

BJORNSKOW, C. How Comparable Are the Gallup World Poll Life Satisfaction Life Data? *Journal of Happiness Studies*, v. 11, 2010.

BLANCHFLOWER, David G.; OSWALD, Andrew J. Is Well-Being U-Shaped over the Lifecycle? *Social Science & Medicine*, v. 66, 2008.

BOK, Derek Curtis. *The Politics of Happiness*. Princeton: Princeton University Press, 2010.

BOK, Sissela. *Exploring Happiness: From Aristotle to Brain Science*. New Haven/London: Yale University Press, 2010.

BONINI, A.N. Cross-National Variation in Life Satisfaction: Effects of National Wealth, Human Development, and Environmental Conditions. *Social Indicators Research*, v. 87, n.2, jun. 2008.

BONIWELL, Ilona. Introduction to Positive Education. In: DAVID, Susan A.; BONIWELL, Ilona; CONLEY AYERS, Amanda (eds.). *The Oxford Handbook of Happiness*. New York: Oxford University Press, 2013.

BOSWELL, W.R.; BOUDREAU, J.W.; TYCHI, I. The Relationship Between Employee Job Change Satisfaction: The Honeymoon Hangover Effect. *Journal of Applied Psychology*, v. 90, 2005.

BOURDIEU, Pierre. The Forms of Capital. In: RICHARDSON, John G. (ed.). *Handbook of Theory and Research for the Sociology of Education*. New York: Greenwood, 1985.

BRICKMAN, P.; CAMPBELL, D.T. Hedonic Relativism and Planning the Good Society. In: APLLEY, Mortimer H. (ed.). *Adaptation Level Theory: A Symposium*. New York: Academic Press, 1971.

BROWN, K.W.; RYAN, R.M. The Benefits of Being Present: Mindfulness and Its Role in Psychological Well-Being. *Journal of Personality and Social Psychology*, v. 84, n. 4, 2003.

BROWNIE, S.; HORSTMANSHOF, L. Creating the Conditions for Self-Fulfillment for Aged Care Residents. *Nursing Ethics*. v. 19, n. 6, 2012.

BURNS, David D. *Feeling Good*. New York: Harper-Collins, 1980.

CAMERON, Kim S.; CAZA, Arran. Virtuousness As a Source of Happiness in Organizations. In: DAVID, Susan A.; BONIWELL, Ilona; CONLEY AYERS, Amanda (eds.). *The Oxford Handbook of Happiness*. New York: Oxford University Press, 2013.

CAMPBELL, Angus. *The Sense of Weel-Being in America Recent Patterns and Trends*. New York: McGraw-Hill, 1981.

CAMPBELL, Angus; CONVERSE, Philip E.; RODGERS, Willard L. *The Quality of American Life*. New York: Russel Sage, 1976.

CHICKERING, A.W.; GAMSON, Z.F. Seven Principles for Good Practice in Undergraduate Education, *American Association for Higher Education Bulletin*, Mar. 1987.

CHRISTENSEN, T.C.; BARRET, L.F.; BLISS-MOREAU, E.; LEBO, K.; KASCHUB, C. A Practical Guide to Experience-Sampling Procedures. *Journal of Happiness Studies*, Netherlands, v. 4, n. 1, 2003.

CLARK, Andrew E.; GEORGELLIS, Yannis; LUCAS, Richard E.; DIENER, Ed. Unemployment Alters the Set Point for Life Satisfaction. *Psychological Science*, v. 15, n. 1, 2004.

COLEMANN, James S. Social Capital in the Creation of Human Capital. *American Journal of Sociology*, v. 94, 1988.

COSCO, Theodore D.; PRINA, A. Matthew; PERALES, Jaime; STEPHAN, Blossom C. M.; BRAYNE, Carol. Lay Perspectives of Successful Ageing: A Systematic Review and Meta-Ethnography. BMJ *Open*, v. 3, n. 6, 2013.

CRUM, A.J.; SALOVEY, P. Emotionally Intelligent Happiness. In: DAVID, Susan A.; BONIWELL, Ilona; CONLEY AYERS, Amanda (eds.). *The Oxford Handbook of Happiness*. New York: Oxford University Press, 2013.

CSIKSZENTMIHALYI, Mihaly. *Beyond Boredom and Anxiety*. San Francisco: Jossey Bas, 1975.

_____. *Finding Flow: The Psychology of Engagement with Every Day Life*. New York: Basic Books, 1997.

CUMMINS, R.A.; ECKERSLEY, R.; PALLANT, J.; VAN VUGT, J.; MISAJON, R. Developing a National Index of Subjective Wellbeing: The Australian Unity Wellbeing Index. *Social Indicators Research*, v. 64, n. 2, nov. 2003.

CUMMINS, R.A.; GULLONE, E.; LAU, A.L.D. A Model of Subjective Well-being Homeostasis: The Role of Personality. In: GULLONE, Eleonora; CUMMINS, Robert A. (eds.). *The Universality of Subjective Well-Being Indicators*. Dordrecht: Kluver Academic, 2002.

CUMMINS, R.A.; LAU, A.L.D.; DAVERN, M.T. Subjective Wellbeing Homeostasis. In: LAND, Kenneth C.; MICHALOS, Alex C.; SIRGY, M. Joseph (eds.). *Handbook of Social Indicators and Quality of Life Research*. Dordrecht: Springer, 2012.

DELLE FAVE, Antonella. Past, Present and Future of Flow. In: DAVID, Susan A.; BONIWELL, Ilona; CONLEY AYERS, Amanda (eds.). *The Oxford Handbook of Happiness*. New York: Oxford University Press, 2013.

DIENER, Ed S. Subjective Well-Being. *Psychological Bulletin*, v. 95, 1984.

DIENER, E. SUH, E. M.; LUCAS, R. E.; SMITH, H. L. Subjective Well-Being: Three Decades of Progress. *Psychological Bulletin*, v. 125, n. 2, 1999.

DIENER, E.; BISWAS-DIENER, R. New Well-Being Measures: Shorts Scales to Assess Flourishing and Positive and Negative Feelings. *Social Indicators Research*, v. 97, n. 2, 2010.

DIENER, E.; EMMONS, R.A.; LARSEN, R.J.; GRIFFIN, S. The Satisfaction With Life Scale. *Journal of Personality Assessment*, v. 49, 1985.

DIENER, E.; EUNKOOK, M.; SUH, M.; SMITH, H.; SHAO, L. National Differences in Reported Subjective Well-Being. Why Do They Occur? *Social Indicators Research*, v. 34, n.1, 1995.

DIENER, E.; HORWITZ, F.; EMMONS, R.A. Happiness of the Very Wealthy. *Social Indicators Research*, v. 16, 1985.

DIENER, E.; LUCAS, R.E.; SCOLLON, C.N. Beyond Hedonic Treadmill. *American Psychologist Association*, v. 61, n. 4, 2006.

DIENER, E.; SELIGMAN, M.E.P. Beyond Money. *American Psychological Society*, v. 5, n. 1, 2004.

DIENER, E.; SUH, E. Age and Subjective Well-Being: An International Analysis. *Annual Review of Gerontology and Geriatrics*, v. 17, 1998.

DIENER, E.; TOV, W. National Accounts of Well-Being. In: LAND, Kenneth C.; MICHALOS, Alex C. (eds.). *Handbook of Social Indicators and Quality of Life Research*. Dordrecht: Springer, 2012.

DIENER, E.; WIRTZ, D.; TOV, W.; KIM-PRIETO, C.; CHOI, D.; OISHI, S.; BISWAS-DIENER, R. New Weel-Being Measures: Short Scales to Acess Flourishing and Positive and Negative Fellings. *Social Indicators Research*, v. 99, 2010.

DOLAN, P.; PEASGOOD, T.; WHITE, M.P. Do We Realy Know What Makes Us Happy? A Review of the Economic Literature Associated with Subjective Well-Being. *Journal of Economic Psychology*, v. 29, 2008.

DORJEE, D. Kinds and Dimensions of Mindfulness: Why Is Important to Distinguish Them. *Mindfulness*, v. 1, 2010.

DUBOS, Rene. *Man Adapting*. New Haven: Yale University Press, 1965.

DURAND, M.; SMITH, C. The OECD Approach to Measuring Subjective Well-Being. In: HELLIWELL, J.; LAYARD, R.; SACHS, J. (eds.). *World Happiness Report, 2013*. New York: UN Sustainable Development Solutions Network, 2013.

EASTERLIN, Richard A. Does Economic Growth Improve the Human Lot? Some empirical evidence. In: DAVID, Paul A.; REDER, Melvin W. (eds.). *Nations and Households in Economic Growth*. New York: Academic, 1974.

_____. Lyfe Cycle Welfare: Trends and Diferences. *Journal of Happiness Studies*, v. 2, n. 1, 2001.

_____. Life Cycle Happiness and Its Sources: Intersections of Psychology, Economics, and Demography. *Journal of Economic Psychology*, v. 27, 2006.

EKMAN, Paul. An Argument for Basic Emotions. *Cognition and Emotion*, v. 6, n. 3-4, 1992.

EMANUELE, E.; BRONDINO, N.; PESENTI, S.; RE, S.; GEROLDI, D. Genetic Loading on Human Loving Styles. *Neuroendocrinology Letters*, v. 28, n. 6, dec. 2007.

ENGESER, S.; RHEINBERG, F. Flow, Moderators of Challenge-Skill-Balance and Performance. *Motivation and Emotion*, v. 32, 2008.

EPSTEIN, Isaac. *Gramática do Poder*. São Paulo: Ática, 1993.

_____. *Teoria da Informação*. São Paulo: Ática, 1993.

FARRINGTON, Benjamin. *A Doutrina de Epicuro*. Rio de Janeiro: Zahar, 1968.

FERRATER MORA, José. *Diccionario de Filosofía*. 5. ed. Buenos Aires: Sudamericana, 1965.

FRANK, Robert. Does Money Buy Happiness? In: HUPPERT, Felicia A.; BAYLIS, Nick; KEVERNE, Barry (eds.). *The Science of Well-Being*. New York: Oxford University Press, 2007.

FREDERICK, S.; LOEWENSTEIN, G. Hedonic Adaptation. In: KAHNEMAN, Daniel; DIENER, Edward; SCHWARZ, Norbert (eds.). *Well-Being: The Foundations of Hedonic Psychology*. New York: Russell Sage, 1999.

FREDRICKSON, B.L. The Broaden-And-Build Theory of Positive Emotions. In: HUPPERT, Felicia A.; BAYLIS, Nick; KEVERNE, Barry. *The Science of Well-Being*. New York: Oxford University Press, 2007.

FREUD, Sigmund. The Tendencies of Wit. *The Basic Writings of Sigmund Freud*. New York: The Modern Library, 1938.

FRIJDA, Nico H. Emotions Are Functional, Most of the Time. In: EKMAN, Paul; DAVIDSON, Richard J. (eds.). *The Nature of Emotion: Fundamental Questions*. New York: Oxford University Press, 1994.

____. Emotions and Hedonic Experience. In: KAHNEMAN, Daniel; DIENER, Edward; SCHWARZ, Norbert (eds.). *Well-Being: The Foundations of Hedonic Psychology*. New York: Russell Sage, 2003.

GERGEN, Kenneth J. *Relational Being*. New York: Oxford University Press, 2009.

HAYAMIZU, T. Between Intrinsic and Extrinsic Motivation: Examination of Reasons for Academic Study Based on the Theory of Internalization. *Japanese Psychological Research*, v. 39, n. 2, 1997.

HAYBRON, D.M. Two Philosophical Problems in the Study of Happiness. *Journal of Happiness Studies*, v. 1, 2000.

HELLIWELL, John F.; LAYARD, Richard; SACHS, Jeffrey (eds.). *World Happiness Report 2013*. New York: UN Sustainable Development Solutions Network, 2013.

HELLIWELL, J.F.; PUTNAM, R.D. The Social Context of Well-Being. In: HUPPERT, Felicia A.; BAYLYS, Nick; KEVERNE, Barry (eds.). *The Science of Well-Being*. New York: Oxford University Press, 2007.

HENDRICK, C.; HENDRICK , S.S. Love. In: LOPEZ, Shane J.; SNYDER, Charles R. (eds.). *The Oxford Handbook of Positive Psychology*. New York: Oxford University Press, 2011.

HENDRICK, C.; HENDRICK, S.S.; DIKE, A. The Love Attitudes Scale: Short Form. *Journal of Personal and Social Relationships*, v. 15, 1998.

HONDERICH, Ted (ed.). *The Oxford Companion to Philosophy*. 2. ed. New York: Oxford University Press, 2005.

HONE, L.C.; JARDEN, A.; SCHOFIELD, G.M.; DUNCAN, S. Measuring Flourishing: The Impact of Operational Definitions on the Prevalence of High Levels of Well-Being. *International Journal of Wellbeing*, v. 4, n. 11, 2014.

HSU, Laura M.; LANGER, Ellen J. Mindfulness and Cultivating Well-Being in Older Adults. In: DAVID, Susan A.; BONIWELL, Ilona; CONLEY AYERS, Amanda (eds.). *The Oxford Handbook of Happiness*. New York: Oxford University Press, 2013.

HUEBNER, Scoott; GILMAN, Rich; RESCHLY, Amy L.; RUSSEL, Hall. Positive Schools. In: LOPEZ, S.J.; SNYDER, C.R. *The Oxford Handbook of Positive Psychology*. New York: Oxford University Press, 2014.

HUIT, W.; CAIN, S. An Overview of the Conative Domain. *Educational Psychology Interactive*, Valdosta, 2005.

HUPPERT, F.A. Positive Mental Health Individuals and Populations. In: HUPPERT, Felicia A.; BAYLIS, Nick; KEVERNE, Barry. (eds.). *The Science of Well-Being*. New York: Oxford University, 2007.

HUPPERT, Felicia A.; SO, Timothy T.C. Flourishing Across Europe: Application on a New Conceptual Framework for Defining Well-Being. *Social Indicators Reserch*, v. 110, n. 3, 2013.

HUTA, Veronika. Eudaimonia. In: DAVID, Susan A.; BONIWELL, Ilona; CONLEY AYERS, Amanda (eds.). *The Oxford Handbook of Happiness*. New York: Oxford University Press, 2013.

IRTEM, Ali. Happiness Amplified Cybernetically. 3rd International Congress of Cybernetics. Namur, 11-15 sep. 1961. *Proceedings...* Namur: Association Internationale de Cybernétique, 1965.

ISEN, A.M. Positive Affect and Decision Making. In: LEWIS, Michael; HAVILAND-JONES, Jeannette M. (eds.). *Handbook of Emotions*. 2. ed. New York: Guilford, 2000.

JACKSON, S.A.; EKLUND, R.C. Assessing Flow in Physical Activity: The Flow State Scale-2 and Dispositional Flow Scale-2. *Journal of Sport & Exercise Psychology*, v. 24, n. 2, 2002.

JACKSON, Tim. *Prosperity without Growth? The Transition to a Sustainable Economy*. London: Sustainable Development Commission, 2009. (Ed. bras.: *Prosperidade Sem Crescimento: Vida Boa em um Planeta Finito*. São Paulo: Planeta, 2013.)

JACOBS, K.; LYUBOMIRSKY, S. Making It Last: Combating Hedonic Adaptation in Romantic Relations. *The Journal of Positive Psychology*, v. 8, n. 3, 2013.

JAMES, William. *The Principles of Psychology*. Chicago: Encyclopaedia Britannica, 1952.

JENSEN, Michael C. Value Maximization, Stakeholder Theory, and the Corporate Objective Function. *Business Ethics Quarterly*, v. 12, n. 2, 2002.

KABAT-ZINN, Jon. *Full Catastrophe of Living*. New York: Delacorte, 1990.

____. Mindfulness-Based Interventions in Context: Past, Present and Future. *Clinical Psychology Science and Practice*, v. 10, 2003.

KAHNEMAN, D. Objective Happiness. In: KAHNEMAN, Daniel; DIENER, Ed; SCHWARTZ, Norbert (eds.). *Well-Being: The Foundations of Hedonic Psychology*. New York: Russell Sage, 2003.

KAHNEMAN, D.; KRUEGER, A.B. Developments in Measurement of Subjective, Well-Being. *Journal of Economic Perspectives*, v. 20, n. 1, 2006.

KAHNEMAN, D.; KRUEGER, A.B.; SCHKADE, D.A.; SCHWARZ, N.; STONE, A.A. A Survey Method for Characterizing Daily Life Experience: The Day Reconstruction Method. *Science*, v. 306, 2004.

KENNEDY, R.F. Discurso em Comício Eleitoral na Universidade do Kansas, em 18 de março de 1967. *Handbook of Social Indicators and Quality of Life Research*. Springer 2012.

KEYES, C.L.M. The Mental Health Continuum: From Languishing to Flourishing in Life. *Journal of Health and Social Behavior*, v, 43, n. 2, 2002.

____. Mental Illness and/or Mental Health? Investigating Axioms of the Complete State Model of Health. *Journal of Consulting and Clinical Psychology*, v. 73, n. 3, 2005.

KITAYAMA, S.; MARKUS, H.R. The Pursuit of Happiness and the Realization of Sympathy: Cultural Patterns of Self, Social Relations and Well-Being. In: DIENER, Ed; SUH, Eunkook M. (eds.). *Culture and Subjective Well-Being*. Cambridge: The MIT Press, 2000.

KOESTLER, Arthur. *The Act of Creation*. London: Penguin, 1966.

KRUEGER, A.; SCHKADE, D. The Reliability of Subjective Well-Being Measures. *Journal of Public Economics*, v. 92, 2008.

KWEE, G.T. Maurits. Relational Buddhism: An Integrative Psychology of Happiness Amidst Existential Suffering. In: DAVID, Susan A.; BONIWELL, Ilona; CONLEY AYERS, Amanda (eds.). *The Oxford Handbook of Happiness*. New York: Oxford University Press, 2013.

LAYARD, Richard. *Happiness: Lessons From a New Science*. London: Penguin, 2005.

LEE, John Alan. *The Colors of Love: An Exploration of the Ways of Loving*. Toronto: New Press, 1973.

LOOSE; Eloísa Beling; DEL VECCHIO DE LIMA, Myrian. A Comunicação Científica Sob a Ótica de Isaac Epstein. *Ação Midiática – Estudos em Comunicação, Sociedade e Cultura*, n. 7, jan.-jun. 2014.

LOPEZ, Shane J.; SNYDER, C.R. (eds.). *The Oxford Handbook of Positive Psychology*. 2. ed. New York: Oxford University Press, 2011.

LUCAS, Richard E. Adaptation and the Set-Point of Subjective Well-Being: Does Happiness Change After Major Life Events? *Current Directions in Psychological Science*, v. 16, n. 2, Apr. 2007.

LUCAS, R.E.; DIENER, E. Personality and Subjective Well-Being. In: DIENER, Ed. (ed.). *The Science of Well-Being: The Collected Works of Ed Diener*. Dordrecht/New York: Springer, 2009.

LUTHANS, F. Positive Organizational Behaviour: Developing and Managing Psychological Strengths. *Academy of Management Executive*, v. 16, 2002.

LUTHANS, F.; AVOLIO, J.; AVEY, J.B.; NORMAN, S.M. Positive Psychological Capital: Measurement, and Relationship with Performance and Satisfaction. *Personnel Psychology*, v. 60, n. 3. 2007.

LUTHANS, F.; AVEY, J.B.; AVOLIO, B.J.; PETERSON, S. The Development and Resulting Performance Impact of Positive Psychological Capital. *Human Resource Development Quarterly*, v. 21, 2010.

LYKKEN, David; TELLEGEN, Auke. Happiness is a Stochastic Phenomenon. *Psychological Science*, v. 7, n. 3, 1996.

LYUBOMIRSKY, Sonja; KING, Laura; DIENER, Ed. The Benefits of Frequent Positive Affect: Does Happiness Leads to Success? *Psychological Bulletin*, v. 131, n. 6, 2005.

LYUBOMIRSKY, S.; TKACH, C.; SHELDON, K.M. Pursuing Sustained Happiness Through Random Acts of Kindness and Counting One's Blessings: Tests of Two Six-Week Interventions. Department of Psychology, University of California, Riverside, 2004. (Não publicado.)

MARTIN, R.A.; PUHLIK-DORIS, P.; LARSEN, G.; GRAY, J.; WEIR, K. Individual Differences in Uses of Humor and Their Relations to Psychological Well-Being. Development of the Human Styles Questionnaire. *Journal of Research in personality*, v. 37, 2003.

MASLOW, Abraham. *Toward a Psychology of Being*. New York: Litton, 1962. (Ed. bras.: *Introdução à Psicologia do Ser*. Trad. A. Cabral. Rio de Janeiro: Eldorado, 1970.)

____. *Motivation and Personality*. New York: Harper, 1970.

MAYO, Elton. *The Social Problems of Industrial Civilization*. New York: Routledge, 1949.

MCMAHON, Darrin M. *Happiness: A History*. New York: Grove, 2005.

MCGILL, Vivian Jerauld. *The Idea of Happiness*. New York: Frederick A. Praeger, 1967.

MEADOWS, Donella H. et al. *Limites do Crescimento: Um Relatório Para o Projeto do Clube de Roma Sobre o Dilema da Humanidade*. São Paulo: Perspectiva, 1973.

MICHALOS, A.C.; ROBINSON, S.R. The Good Life: Eight Century to Third Century BCE. In: LAND, K.C.; MICHALOS, A.C.; SIRGY, M. J.(eds.). *Handbook of Social Indicators and Quality of Life Research*. Dordrecht: Springer 2012.

MIRANDA JR, M.V.; RUSSO, A.F.; COIMBRA, D.R.; MIRANDA, R. Análise do "Flow-Feeling" no Tênis. *Rev. Educ.* UEM, v. 23, n. 4, out.-dez. 2012.

MITCHELL, Donald William. *Buddhism: Introducing the Buddhist Experience*. New York: Oxford University Press, 2002.

MOCHON, D.; NORTON, M.I.; ARIELY, D. Getting Off the Hedonic Treadmill, One Step at a Time: The Impact of Regular Religious Practice and Exercise on Well-Being. *Journal of Economic Psychology*, v. 29, 2008.

NAGEL, Ernest. *La Estructura de la Ciencia: Problemas de la Lógica de la Investigación Científica*. Buenos Aires: Paidós, 1971.

NIEMIEC, Christopher P.; RYAN, Richard M. What Makes for a Life Well Lived? Autonomy and its Relation to Full Functioning and Organismic Wellness. In: DAVID, Susan A.; BONI-WELL, Ilona; CONLEY AYERS, Amanda (eds.). *The Oxford Handbook of Happiness*. New York: Oxford University Press, 2013.

OECD. *The Well-Being of Nations: The Role of Human and Social Capital*. Paris: OECD, 2001.

____. *Guidelines on Measurement Subjective Well-Being*. Paris: OECD, 2013.

PARKER, Sharon K. Enhancing Role-Breadth Self-Efficacy: The Roles of Job Enrichment and Other Organizational Interventions. *Journal of Applied Psychology*, v. 83, 1998.

PAVOT, W.; DIENER, E. Review of the Satisfaction with Life Scale. *Psychological Assessment*, v. 5, n. 2, jun. 1993.

PHILLIPS, David. *Quality of Life: Concept, Policy and Practice*. London: Routledge, 2006.

PORTES, Alejandro. Capital Social: Origens e Aplicações na Sociologia Contemporânea. *Sociologia, Problemas e Práticas*, v. 33, set. 2000.

PUTNAM, Robert D. The Prosperous Community, Social Capital and Public Life. *The American Prospect*, v. 13, 1993.

RICARD, Mathieu. A Buddhist View of Happiness. In: DAVID, Susan A.; BONIWELL, Ilona; CONLEY AYERS, Amanda (eds.). *The Oxford Handbook of Happiness*. New York: Oxford University Press, 2013.

RIOLLI, Laura; SAVICKI, Victor; RICHARDS, Joseph. Psychological Capital as a Buffer to Student Stress. *Psychology*, v. 3, n. 12, dec. 2012.

RODZIŃSKI, Witold. *The Walled Kingdom: A History of China from 2000 BC to the Present*. Waukegan: Fontana, 1991.

RONAI, Paulo. *Dicionário Universal de Citações*. 3. ed. Rio de Janeiro: Nova Fronteira, 1985.

RUNYAM, D.; HUNTER, W. SOCOLAR, R.; AMAYA-JACKSON, L.; ENGLISH, D.; LANDSVERK, J.; DUBOWITZ, H.; BROWNE, D.; BANGDIWALA, S.; MATHEW, R. Children Who Prosper in Unfavorable Environments: The Relationship to Social Capital, *Pediatrics*, v. 101, 1998.

RUSSELL, Bertrand. *A Conquista da Felicidade*. Rio de Janeiro: Ediouro, 2003.

RYAN, Richard M.; DECI, Edward L. Self-Determination Theory and the Facilitation of Intrinsic Motivation, Social Development, and Well-Being. *American Psychologist*, v. 55, n. 1, jan. 2014.

_____. Intrinsic and Extrinsic Motivations: Classic Definitions and New Directions. *Contemporary Educational Psychology*, v. 25, n. 1, Jan. 2000.

RYAN, Richard M.; CONNELL, James P. Perceived Locus of Causality and Internalization: Examining Reasons for Acting in Two Domains. *Journal of Personality and Social Psychology*, v. 57, n. 5, nov. 1989.

RYFF, C.D. Happiness Is Everything, or Is It? Explorations on the Meaning of Psychological Well-Being. *Journal of Personality and Social Psychology*, v. 57, n. 6, dec. 1989.

SCALABRIN, Ana Carla. *Do Hedonismo à Eudaimonia: Tratado de Bem-Estar Psicológico no Trabalho*. Trabalho de Conclusão de Curso (Graduação em Administração), Faculdade de Economia, Administração e Contabilidade da Universidade de São Paulo, 2002.

SCHAEFER-McDANIEL, Nicole J. Conceptualizing Social Capital among Young People: Toward a New Theory. *Children, Youth and Environments*, v. 14, n. 1, 2004.

SCOLLON, Christie N.; KIM-PRIETO, Chu; DIENER, Ed. Experience Sampling: Promises and Pitfalls, Strengths and Weaknesses. *Journal of Happiness Studies*, v. 4, n. 1, 2003.

SELIGMAN, Martin E.P. *Authentic Happiness: Using the New Positive Psychology to Realize your Potential for Lasting Fulfillment*. New York: The Free Press, 2002.

_____ *Flourish: A Visionary New Understanding of Happiness and Well-Being*. New York: The Free Press, 2011.

SELIGMAN, M.E.P.; RANDAL, M.R.; GUILHAM, J.; REIVICH, K.; LINKINS, M. Positive Education: Positive Psychology and Classroom Interventions. *Oxford Review of Education*, v. 35, n. 3, jun. 2009.

SEN, Amartya. *Development as Freedom*. New York: Anchor, 2000.

_____. Health: Perception Versus Observation. *British Medical Journal*, v. 324, abr. 2002.

SHELDON, Kennon M.; LYUBOMIRSKY, Sonja. Achieving Sustainable New Happiness: Prospects, Practices and Prescriptions. In: LINLEY, P. Alex; JOSEPH, Stephen (eds.). *Positive Psychology in Practice*. Hoboken: John Wiley & Sons, 2004.

SILVA, Franklin Leopoldo e. *Felicidade: Dos Filósofos Pré-Socráticos aos Contemporâneos*. São Paulo: Claridade, 2007.

SILVER, Roxane Lee. *Coping With Undesirable Life Event: A Study of Early Reactions to Physical Disability*. Doctoral dissert., Northwestern University, Evanston, IL, 1982.

SIRGY, M. Joseph. *The Psychology of Quality of Life*. 2. ed. Dordrecht: Spingler, 2012.

SOLOMON, Andrew. *O Demônio do Meio-Dia: Uma Anatomia da Depressão*. Trad. Myriam Campello. Rio de Janeiro: Objetiva, 2001.

STEVENSON, B.; WOLFERS, J. Economic Growth and Subjective Well-Being: Reassessing the Easterlin Paradox. *Brookings Papers on Economic Activity*. Whashington: Brookings Institution, v. 39, n. 1, Spring, 2008.

ROYAL SOCIETY SCIENCE POLICY CENTER. *People and the Planet*. Report 01a/12, apr. 2012.

THERA, Nyanaponika. *The Heart of Buddhist Meditation: A Handbook of Mental Training based on the Buddha's Way of Mindfulness*. London: Rider, 1962.

THORSON, James A; POWELL, F.C.; SARMANY-SCHULLER, Ivan; HAMPES, William P. Psychological Health and Sense of Humor, *Journal of Clinical Psychology*, v. 53, n. 6, 1997

UCHIDA, Y.; NORASAKKUNKIT, V.; KITAYAMA, S. Cultural Constructions of Happiness: Theory and Empiric Evidence. *Journal of Happiness Studies*, v. 5, n. 3, 2004.

URA, Karma; ALKIRE, Sabina; ZANGMO, Tshoki. *Gross National Happiness and the GNH Index – Part II*. The Centre for Bhutan Studies, 2012.

URA, Karma; ALKIRE, Sabina; ZANGMO, Tshoki; WANGDI, Karma. The International Scale Interval Study: Improving the Comparability of Responses to Survey Questions about Happiness. In: MØLLER, Valerie; HUSCHKA, Denis (eds.). *Quality of Life and the Millennium Challenge: Advances in Quality of Life Studies, Theory, and Research*. New York: Springer, 2008. (*Research Social Indicators Research Séries*, v. 35.)

_____. *An Extensive Analysis of GNH Index*. Thimphu: Centre for Bhutan Studies, 2012. Disponível em: <https://assets.publishing.service.gov.uk> Acesso em: 16 ago. 2018.

____. *A Short Guide to Gross National Happiness Index*. Thimphu: Centre for Bhuthan Studies, 2012.

VEENHOVEN, Ruut. Question of Happiness: Classical Topics, Modern Answers, and Blind Spots. In: STRACK, Fritz; ARGYLE, Michael; SCHWARZ, Norbert (eds.). *Subjective Well-Being: An Interdisciplinary Perspective*. Oxford UK: Pergamon, 1991.

____. How We Do Assess How Happy We Are? Tenets, Implications and Tenability of Three Theories. In: DUTT, Amitava Krishna; RADCLIFF, Benjamin (eds.). *Happiness, Economics and Politics: Towards a Multi-Disciplinary Approach*. Cheltenham: Edgard Elgher, 2006.

____. Healthy Happiness: Effect of Happiness on Physical Health and the Consequences for Preventive Health Care. *Journal of Happiness Studies*, v. 9, n. 3, sep. 2008.

____. Cross-National Differences in Happiness: Cultural Measurement Bias or Effect of Culture? *International Journal of Wellbeing*, v. 2, n. 4, 2012.

____. Notions of the Good Life. In: DAVID, Susan A.; BONIWELL, Ilona; CONLEY AYERS, Amanda (eds.). *The Oxford Handbook of Happiness*. New York: Oxford University Press, 2013.

VITERSO, J. Flow Versus Life Satisfaction: How Cartoons Can Illustrate the Difference between the Evaluation Approach and the Intrinsic Motivation Approach to Subjective Quality of Life. *Journal of Happiness Studies*, v. 4, n. 2, 2003.

WAGNER, G.G.; FRICK, J.R.; SCHUPP, J. The German Socio-Economic Panel Study (SOEP) – Scope, Evolution and Enhancements. *Schmollers Jahrbuch – Journal of Applied Social Science Studies*, v. 127, n. 1, 2007.

WALLACE, B.A. The Buddhist Tradition of Samatha: Methods for Refining and Examining Consciousness. *Journal of Consciousness Studies*, v. 6, n. 2-3, 1999.

WARR, Peter. Well-Being and the Workplace. In: KAHNEMAN, Daniel; DIENER, Ed; SCHWARZ, Norbert (eds.). *Well-Being: The Foundations of Hedonic Psychology*. New York: Russell Sage, 1999.

____. Jobs and Job-Holders: Two Sources of Happiness and Unhappiness. In: DAVID, Susan A.; BONIWELL, Ilona; CONLEY AYERS, Amanda (eds.). *The Oxford Handbook of Happiness*. New York: Oxford University Press, 2013.

WARR, P.; JACKSON, P.; BANKS, M. Unemployment and Mental Health: Some British Studies. *Journal of Social Issues*, v. 44, n. 4, 1988.

WATSON, David. *Mood and Temperament*. New York: Guilford, 2000.

WATSON, D.; CLARK, L.A.; TELLEGAN, A. Development and Validation of Brief Measures of Positive and Negative Affect: The PANAS Scales. *Journal of Social Psychology*, v. 54, n. 6, 1988.

WATSON, D.; NARAGON, K. Positive Affectivity: The Disposition to Experience Positive Emotional States. In: LOPEZ, S.J.; SNYDER, C.R. (eds.). *The Oxford HandBook of Positive Psychology*. New York: Oxford University Press, 2011.

WENG, Li-Jen. Impact of the Number of Response Categories and Anchor Labels on Coefficient Alpha and Test-Retest Reliability. *Educational and Psychological Measurement*, v. 64, n. 6, 2004.

WHITE, Mathew A. Positive Education at Geelong Grammar School. In: DAVID, Susan A.; BONIWELL, Ilona; CONLEY AYERS, Amanda (eds.). *The Oxford Handbook of Happiness*. New York: Oxford University Press, 2013.

WILKINSON, Richard G. *The Impact of Inequality: How to Make Sick Societies Healthier*. New York: New Press, 2005.

WILSON, W. Correlates of Avowed Happiness. *Psychological Bulletin*, v. 67, 1967.

WINKELMAN, P.; KNAUPER, B.; SCHWARTZ, N. Looking Back on Anger: Reference Periods Change the Interpretation of Emotion Frequency Questions. *Journal of Personality and Social Psychology*, v. 75, n. 3, 1998.

YOUSSEF, Carolyn M.; LUTHANS, Fred. Managing Psychological Capital in Organizations. In: DAVID, Susan A.; BONIWELL, Ilona; CONLEY AYERS, Amanda (eds.). *The Oxford Handbook of Happiness*. New York: Oxford University Press, 2013.

ÚLTIMOS LANÇAMENTOs

O GENOCÍDIO DO NEGRO BRASILEIRO
Abdias Nascimento

O NATURALISMO
J. Guinsburg e João Roberto Faria

RUMO A UM NOVO TEATRO & CENA
Edward Gordon Craig

MACHADO & SHAKESPEARE: INTERTEXTUALIDADES
Adriana da Costa Telles

THOMAS BERNHARD, FAZEDOR DE TEATRO
Samir Signeu (org.)

ESTÉTICA E TEATRO ALEMÃO
Anatol Rosenfeld

LÍRICA GREGA, HOJE
Trajano Vieira

O LIVRO DOS VIEWPOINTS
Anne Bogart e Tina Landau

EDUCAÇÃO, UMA HERANÇA SEM TESTAMENTO
José Sergio Fonseca de Carvalho

REFUSÕES
Marcelo Tápia

TREINAMENTO PARA SEMPRE
Jurij Alschitz

O ITINERÁRIO DE BENJAMIM DE TUDELA
J Guinsburg

AUTOESCRITURAS PERFORMATIVAS
Janaina Fontes Leite

O RACISMO E O NEGRO NO BRASIL: QUESTÕES PARA A PSICANÁLISE
Noemi Moritz Kon, Maria Lúcia da Silva e Cristiane Curi Abud (orgs)

CIBERNÉTICA
Norbert Wiener

A ESCOLA FRANCESA DE GEOGRAFIA
Vicent Berdolay

POÉTICA DO DRAMA MODERNO
Jean-Pierre Sarrazac

EXPLORANDO AS TEORIAS DA TRADUÇÃO
Anthony Pym

O THÉÂTRE DU SOLEIL
Beatrice Picon-Vallin

GRAAL: LEGENDA DE UM CÁLICE
Haroldo de Campos

AS PAIXÕES NA NARRATIVA
Hermes Filho Leal

STANLEY KUBRICK: O MONSTRO DE CORAÇÃO MOLE
Marcius Cortez

PROTÁGORAS DE PLATÃO – OBRAS III
Daniel R. N. Lopes

PENSANDO AS MÚSICAS NO SÉCULO XXI
João Marcos Coelho

DICIONÁRIO DA PERFORMANCE DO TEATRO CONTEMPORÂNEO
Patrice Pavis

MAIAKÓVSKI POEMAS – EDIÇÃO ESPECIAL
Boris Schnaiderman

O CICLO DO TOTALITARISMO
Ruy Fausto

A DISPOSIÇÃO PARA O ASSOMBRO
Leopold Nosek

DIREI TUDO E UM POUCO MAIS
Sheila Leirner

A VIDA NA CIDADE
Jan Gehl

É PRECISO SALVAR OS DIREITOS HUMANOS
Jose Augusto Lindgren Alves

ANIMAIS DOMÉSTICOS E OUTRAS RECEITAS
Luana Chnaiderman

UNIÕES
Robert Musil

FOUCAULT E A LINGUAGEM DO ESPAÇO
Tomás Mendonça da Silva Prado

O CINEMA ÉPICO DE MANOEL DE OLIVEIRA
Renata Soares Junqueira

ANTÔNIO FAGUNDES NO PALCO DA HISTÓRIA: UM ATOR
Rosangela Patriota

UMA POÉTICA EM CENA
Reni Chaves Cardoso

CANÇÕES
Carlos Rennó

DICIONÁRIO INCOMPLETO DA FELICIDADE
Isaac Epstein

ESCOLA PICOLINO
Fabio Dal Galo

SALTIMBANCOS URBANOS
Eliene Benicio

Este livro foi impresso na cidade de São Paulo,
nas oficinas da Mark Press Brasil, em etembron de 2018,
para a Editora Perspectiva.